आप जैसा कोई नहीं

राहुल हेमराज

आप जैसा कोई नहीं

फंडा
funda
राधाकृष्ण प्रकाशन का उपक्रम

ISBN : 978-81-959484-8-2

मूल्य : ₹199

पहला संस्करण : 2023

राधाकृष्ण प्रकाशन का उपक्रम

प्रकाशक
राधाकृष्ण प्रकाशन प्राइवेट लिमिटेड
जी-17, जगतपुरी, दिल्ली-110 051

शाखाएँ : अशोक राजपथ, साइंस कॉलेज के सामने, पटना-800 006
पहली मंजिल, दरबारी बिल्डिंग, महात्मा गांधी मार्ग, प्रयागराज-211 001
वेबसाइट : www.radhakrishnaprakashan.com
ई-मेल : info@radhakrishnaprakashan.com

मुद्रक
बी.के. ऑफसेट
नवीन शाहदरा, दिल्ली-110 032

AAP JAISA KOI NAHIN
by Rahul Hemraj

पापा श्री (डॉ.) हेमराज धारीवाल को
जिन्होंने करके दिखाया कि
बिना शर्त प्रेम क्या होता है!

क्रम

प्रेक्षण करना, सोचना,
चिन्तन मनन करना,
श्रम से खुशी पाना
और अपने कार्य पर गर्व करना,
लोगों के लिए
सुन्दरता और खुशी की
रचना करना
और उसमें सुख पाना
प्रकृति, संगीत और कला
के सौन्दर्य पर विमुग्ध होना
और इस सौन्दर्य से
अपने आत्मिक जगत को
समृद्ध बनाना,
लोगों के
दुख-सुख में हाथ बँटाना,—
यही है
चरित्र-निर्माण का
मेरा आदर्श

—वसिली सुखोम्लीन्सकी

क्यूँ और कैसे?

यह कहानी है अस्त-व्यस्तता से आनन्द के रास्ते की। क्रोध, थकान और तनाव से ठहराव की। किसी को न हराते हुए जिन्दगी को जीत लेने की। मैं जानता हूँ कि यह कहानी न जाने कितनी बार कही गई और सुनी गई पर उस दिन मुझे इस बात का कारण समझ आया जब यह मुझे एक बार फिर से कहने को मजबूर कर रही थी।

किताबों ने ही मुझे देखना सिखाया था। बताया था कि ऐसा कोई रास्ता भी हो सकता है। लेकिन एक सच्चे गुरु की तरह वे मुझ पर अपना रास्ता थोप नहीं रही थीं बल्कि अपने मुताबिक अपना रास्ता स्वयं ढूँढ़ने को प्रेरित कर रही थीं। इसी बात ने मुझे हिम्मत दी कि मैं उनकी सीखों को क्यूँ और कैसे के सवालों से गुजार सकूँ।

और मैंने पाया कि इन्हें आजमाना भर खूब आनन्द देने वाला है।

इस आनन्द को लूटते अब करीब एक दशक होने आया था और अब मुझे भी कुछ कहना था क्योंकि मेरे पास अपने परिणाम थे। विज्ञान कहता है कि किसी भी प्रयोग में अन्वेक्षक भी एक अवयव होता है। उसकी मौजूदगी ही परिणामों को प्रभावित कर देती है, इसलिए किसी भी प्रयोग के परिणाम निरपेक्ष हो ही नहीं सकते।

तो, मैं पहले के परिणामों से असहमत नहीं था लेकिन कहीं मुझे लगा कि यह बात ज्यादा विस्तार माँगती है, तो कहीं अलग नजरिया, तो कुछ बातें मुझे बेवजह लगीं।

जैसे मुझे भी लगता है कि स्वयं को स्वीकार करने से ही कोई शुरुआत हो सकती है; यह बात सही है लेकिन पहले-पहल तो ये स्वीकारोक्ति कहीं बाहर से ही आएगी। हाँ, बाहर से आए इसकी भी विधि है!

जैसे मैं सहमत था कि विचार ही हैं जो हमारा जीवन बनाते हैं लेकिन यह जान लेने और फिर याद रख-रखकर अपने विचारों को सकारात्मक रखने से बात नहीं बनने वाली। विचार तो स्वत:स्फूर्त होते हैं, अपने आप बनते बिगड़ते हैं इसलिए हम चाहते हैं वैसे ही विचार उपजें तो इसके लिए कुछ और ही करना होगा!

जैसे मैंने पाया कि जीवन में उन्नति के लिए असन्तुष्टि नहीं सन्तुष्टि चाहिए होती है!

जैसे अर्थ और अध्यात्म में कोई बैर नहीं!

जैसे थोड़ा अहं भी जरूरी है!...

और इन सबसे गुजरते जब हर बार की तरह मेरे मन में भी प्रश्न उठा कि आखिर हम हैं कौन? आप विश्वास नहीं करेंगे मुझे क्या उत्तर मिला!

इसी बात का जवाब देता अपने आराध्य का एकमात्र संचित श्लोक।

अब आप ही बताइए, मैं कहे बिना कैसे रहता?

लेकिन आपके परिणाम आपके अपने होंगे। आपका आनन्द आपका अपना होगा।

क्योंकि आप जैसा कोई नहीं।

बस, यदि मैं आपके मन में अपने साथ प्रयोग करने की इच्छा जगा पाया, इस आनन्द की लालसा पैदा कर पाया तो समझूँगा मेरा लिखना सार्थक हुआ। और ये सम्भव हो पाया श्री अशोक महेश्वरी के उस भरोसे की वजह से जो उन्होंने दस मिनट की मुलाकात में मुझ पर और किताब में जताया, श्री सत्यानन्द निरुपम और शिप्रा किरण की वजह से जिन्होंने इसे दुरस्त कर यह रूप दिया और श्री अलिंद महेश्वरी की वजह से जो इस सारी बात के सूत्रधार बने। आप सबका बहुत धन्यवाद।

अन्त में लेकिन सबसे अहम् धन्यवाद अपने परिवार को जिन्होंने हमेशा मुझे योग्यता से अधिक सम्मान दिया और मेरी हर इच्छा को महत्त्वपूर्ण माना।

—राहुल हेमराज

इतवार के उस दिन

ये दो सुरों के बीच की खाली जगह ही है,
जो संगीत पैदा करती है।
—अज्ञात

ये क्या है? कोई समझने को तैयार ही नहीं। समझना तो छोड़ो, कोई सुनने तक को तैयार नहीं।

कितनी भी सही बात हो, या तो चुप रहो या लम्बी-लम्बी बहसें करो।

तो बेहतर है चुप ही रहो।

पर हर बार सहन भी तो नहीं होता, और क्यूँ हो? गलत बात कोई भी क्यूँ सहन करे?

और कुछ कहा नहीं कि फिर वही बात।

कितना ही ढंग से कह लो, जब सुनना ही नहीं है, तो होना क्या है?

यह सब तो फिर भी ठीक है, आपस की बात है लेकिन अपने काम में तो मैं ये बर्दाश्त नहीं कर सकता ना! फिर चाहे चिल्लाना पड़े, चाहे झगड़ना पड़े, चाहे कुछ और। उनका क्या है। काम तो मेरा है, फर्क तो मुझे पड़ेगा।

जानता हूँ, मेरे क्रोध, तनाव और थकान की यही वजह है लेकिन फिर करूँ भी तो क्या, और कोई चारा भी तो नहीं।

और फिर मैं क्या, सभी के साथ तो यही हो रहा है।

सचमुच, आसान नहीं है जिन्दगी।

एक सफल व्यक्ति होने के लिए आदमी को क्या-क्या करना पड़ता है!

चलो, जो है सो है।

जिन्दगी यूँ ही बहे जा रही थी कि इतवार के उस दिन मेरी नजर अखबार के उस आलेख पर अटकी। उसी की कुछ पक्तियाँ, जो थोड़े मोटे अक्षरों में शीर्षक के नीचे लिखी थीं, को पढ़ा तो जैसे वहीं रुक गया। उन शब्दों में एक अलग ही ठहराव था। जैसे मुझे कोई कुछ कह रहा था लेकिन बड़े ही प्यार से, इत्मीनान से। फिर तो मैं उसे एक ही साँस में पढ़ गया, बिलकुल वैसे ही जैसे कोई भयंकर प्यासा पानी गटक जाता हो। सचमुच, बड़ा तृप्त करने वाला था वह। ऐसा तो मैंने पहले कभी कहीं पढ़ा ही न था! आलेख को फिर ऊपर से नीचे देखा, जैसे पूरी हो जाने के बाद आप अपनी किसी चीज को निहारते हों। शीर्षक पढ़ा, नीचे लिखी लाइनों को वापस पढ़ा, किसका लिखा है टटोला और फिर सँभालकर रख दिया।

यह कोई नियमित आलेख था, 'माइंड ओवर मैटर।' किसी किताब का चुनिंदा अंश था वह। इससे पहले मुझे नहीं मालूम था कि ऐसी भी किताबें होती हैं। दो दिन बाद फिर प्यास जगी, फिर पढ़ा और उतना ही या शायद उससे ज्यादा ही आनन्द आया होगा। इस बार 'क्या है' की उतावली नहीं थी, वरन् बहुत 'अच्छा है' यह विश्वास था, इसलिए हर निवाले का भरपूर स्वाद ले रहा था।

अब तो मुझे अगले इतवार का इन्तजार था।

सुबह पहले अखबार पलटा, पढ़ा और फिर एक नई बात, हम सब के मन से, जीवन से जुडी, पर देखी बिलकुल अलग नजर से गई।

अब तो जैसे नियम सा बन गया था। पढ़ना, उसकी कटिंग सँभालना और फिर सप्ताह में जब भी इच्छा हो, समय मिले, वापस पढ़ना। धीरे-धीरे व्यवस्थित फाइल बनने लगी थी, साथ ही मैं उन किताबों को ढूँढ़ने लगा। आखिर एक साल बाद पहली किताब, डॉ. वेन डब्ल्यू. डायर की लिखी 'विजडम ऑफ द एजेज' मिली। मेरी टेबल-कुर्सी वापस लग गई और मैं डिक्शनरी के साथ नियमित पढ़ने लगा। यह सब इसलिए होता चला गया कि कोई मुझसे कह ही नहीं रहा था, सुन भी रहा था और वह भी मुझे बिना गलत ठहराए। वे कह रही थी, मैं ठीक हूँ, बिलकुल ठीक। जो कुछ है, वह

मैंने ही बेवजह पाल रखा है। मैं थोड़ी सी अपनी नजर बदलूँ, तो मालूम चले कि कहीं कोई बात ही नहीं।

और जब भी, चाहे कुछ क्षणों के लिए ही सही, ऐसा कर पाता तो ऐसा ही लगता।

अब चीजें मुझे उतनी परेशान नहीं करतीं। करती तो यह परेशानी पहले जितनी देर बनी नहीं रहती। मैं अपने साथ सहज होने लगा था। मन पहले से अधिक शान्त रहता। माता-पिता के बाद फिर से कोई मुझे, मैं जैसा हूँ वैसा स्वीकार कर रहा था लेकिन हाँ में हाँ मिलाकर नहीं, बल्कि जो बात जैसी है वैसी बताकर। इस तरह मैं शायद जिन्दगी को दूसरे कोणों से देखने के साथ-साथ अनजाने ही स्वीकार करना भी सीख रहा था। वे किताबें मुझे स्वीकार कर रही थीं और मैं जिन्दगी को स्वीकार करने लगा था। अब मेरे सही होने के लिए किसी और को गलत होने की जरूरत नहीं थी और न ही किसी का सही होना मुझे गलत ठहरा रहा था। मैं ठीक था इसलिए सब ठीक थे। मेरी अपनी जगह थी, इसलिए सबकी अपनी।

शोर अब संगीत बनने लगा था।

और इतने सालों में मैंने तय पाया कि स्वीकार किया जाना ही व्यक्ति की पहली मानसिक आवश्यकता है। यहाँ तक कि व्यक्ति की सारी जुगतें प्रेम पाने की चेष्टा भर हैं। वह जो भी करता है, या नहीं करता है, तो बस प्रेम पाने के लिए। व्यक्ति नहीं रह सकता अपनी स्वीकारोक्ति के बिना। उसे चाहिए होती है यह जो सामने से आती है। उसे जरूरत होती है कि कोई उसके वजूद को, उसके होने को स्वीकारे। उसे चाहिए होता है कोई, जो उसके होने को हाँ भरे।

हमारी तो बात ही क्या, एक नवजात तक को अपनी माँ का ध्यान चाहिए होता है। थोड़ी सी देर के लिए उसका ध्यान हटा नहीं कि वो रोने लगता है। उसे लगने लगता है, जैसे उसकी माँ उसे भूल गई है। ये बात उसे एक मिनट के लिए भी बर्दाश्त नहीं होती। यही बच्चे जब थोड़े बड़े होते हैं, तब वैसे चाहे चुपचाप बैठे हों लेकिन जैसे ही मम्मी या पापा आपस में या किसी से बात करने लगते हैं, इन्हें बहुत कुछ कहना होता है। यह सब किसलिए, बस यही बताने को ना कि मैं भी यहाँ पर हूँ! और केवल हूँ ही नहीं, इस बात की तसल्ली भी चाहिए होती है कि मैं आपके लिए सबसे जरूरी हूँ, सबसे प्यारा हूँ। जैसे ही ये जताने माँ उसे गोद में उठा लेती है, या वे अपनी बात रोककर

उससे बात करने लगते हैं वह मुस्कुरा उठता है, शान्त हो जाता है। फिर आप उससे जो चाहे मनवा लो।

इसीलिए जिन लोगों के जीवन में ऐसे लोग होते हैं जो ये अहसास दिला पाते हैं कि उनके होने या न होने से फर्क पड़ता है, आपने देखा होगा वे लोग सन्तुष्ट और आसानी से सफल होते हैं। सब की तरह वे भी कई बार कई काम नहीं कर पाते लेकिन कभी इन निष्कर्षों पर नहीं पहुँचते कि वे कमतर हैं। वे बस यही सोच पाते हैं कि कहाँ उनसे गलती हुई जिसे अगली बार उन्हें ठीक करना है। चूँकि वे अपने को दोष नहीं दे रहे होते इसलिए उन्हें अपनी गलतियाँ दिख भी पाती हैं और वे उन्हें ठीक भी कर पाते हैं।

रिश्ते इन्हीं अहसासों के लिए जरूरी होते हैं और यही उनकी बुनियाद भी होनी चाहिए।

तो यहाँ ये प्रश्न उठना लाजिमी है कि क्या जिनके जीवन में ऐसे लोग नहीं उनके जीवन में ऐसा ही शोर बना रहेगा? या क्या कोई उपाय है कि अब ही सही, उनके जीवन में भी ऐसे लोग हों?

'हाँ' भी और 'नहीं' भी।

हाँ, ऐसे कि व्यक्ति के जीवन में ऐसे लोग ही होने चाहिए और नहीं, ऐसे कि ये कोई किस्मत की बात नहीं है! ये हमारे ही हाथ है कि हमारे जीवन में ऐसे ही लोग हों। आप जब से चाहें ऐसा हो सकता है। आपको बस अपने साथ सहज होना होता है, अपने आपको जैसे हैं, स्वीकार करना होता है। जैसे ही आप ऐसा करने लगते हैं, उन लोगों की जगह वे लोग स्वतः आने लगते हैं, जिन्हें आप जैसे हैं वैसे ही ठीक लगते हैं। जो आपके होने मात्र से खुश हैं। जिन्हें आप अपनी इच्छा जाहिर कर पाते हैं तो खुशी मिलती है और नहीं कर पाते हैं, तो वे आपका हौसला बढ़ाते हैं। ये फिर वही लोग होते हैं जो अपने स्वयं के साथ सहज होते हैं, जिन्होंने अपने को जैसे हैं वैसे स्वीकार किया होता है, और इस तरह ये क्रम आगे से आगे चलता ही चला जाता है।

यह अपने साथ सहज होना, जैसे हैं वैसे अपने को स्वीकारना; यह अपने आपको प्रेम करना ही तो है! तो यूँ कह सकते हैं कि जब हम अपने से प्रेम करने लगते हैं तब लोग भी हमसे प्रेम करने लगते हैं। नहीं होते ऐसे लोग जिन्दगी में तो वैसे जाने लगते हैं और ऐसे आने लगते हैं। जिन्दगी ऐसे लोगों का जमावड़ा होने लगती है जिन्हें प्रेम की ही भाषा आती है।

लेकिन शुरुआत कैसे हो? कोई तो चाहिए सबसे पहले याद दिलाने वाला कि 'मैं ठीक हूँ, बिलकुल ठीक।' वह चाहे अखबार का आलेख हो या कुछ और।

तो बात फिर वैसे ही दोराहे पर आकर ठहरती है कि, क्या ये महज संयोग है? और ऐसा हो इसके इन्तजार में हाथ पर हाथ धरे बैठे रहें या यह कुछ और है?

आज पाता हूँ कि नहीं, ये संयोग नहीं है। यदि इसे संयोग का नाम दें तो कहूँगा, संयोग हम ही बनाते है। यह इसलिए घटा क्योंकि जेहन में बना रहा कि 'यह क्या है?' जेहन में बना रहा, इसलिए मस्तिष्क ऐसा कुछ ढूँढ़ रहा था, जो मुझे भी मालूम नहीं था। मैं ढूँढ़ रहा था इसलिए मुझे मिला।

और यही जरूरी है, आपके मन में इस प्रश्न का बने रहना। अपनी बेचैनी को पकने देना। जवाब प्रकृति देगी और वह भी आपको अपने तरीके से। आप पढ़ते हैं तो कहीं लिखा मिलेगा, आप बागबानी करते हैं तो पेड़, पत्तों और फूलों में मिलेगा, आप संगीत-प्रेमी है तो धुनों में, बोलों में मिलेगा। आपको जो भाषा समझ में आती है उसमें मिलेगा, बार-बार मिलेगा कि आप ठीक हैं, बिलकुल ठीक।

मैं खुश हूँ

क्योंकि मैं जानता हूँ
समय जो है वही रहता है, और
जगह भी हमेशा वही जो होती है
फिर सच भी तो होता है
उसी समय और जगह का
मैं खुश हूँ,
जैसा है उसके वैसा ही होने के लिए, और
मैं जाने देता हूँ उस पावन चेहरे को, और
जाने देता हूँ उसकी पुकार को
क्योंकि मैं उम्मीद भी कैसे करूँ
बीते को बदल पाने की
इसीलिए मुझे खुशी है
जो है उसी से कुछ बना लेने की
और उसी के होने से मैं खुश हूँ।

—टी. एस. एलियट, *ऐश-वेडनसडे*

न जाने कब से वह अखबार मेरे घर आ रहा था! मैं पढ़ता भी था, फिर कभी मेरी नजर उस आलेख पर पहले क्यूँ नहीं अटकी? या कभी 'विजडम' जैसी कोई किताब ही हाथ लग जाती। अब तक तो मैं न जाने कहाँ पहुँच गया होता! जिन्दगी कितनी आसान बन चुकी होती!

पर क्या ऐसा हो सकता था?

आप भी जानते हैं, नहीं!

क्योंकि तब मैं शायद उन्हें ढूँढ़ ही नहीं रहा था और ढूँढ़ भी रहा था तो उस व्यग्रता से नहीं जो उसके मिलने के लिए काफी होती। और किसी संयोग

से वे पहले मिल भी जाते तो किस काम के होते? क्योंकि तब वे आलेख न तो मैं वैसे पढ़ता और न ही मुझे वैसे समझ आते। तृप्ति तो प्यास का परिणाम है, वो जगी ही नहीं होती तो फिर मिलती कहाँ से? और फिर यह भी तो कि क्या इससे पहले मैं किसी और नजर से देखने को तैयार भी होता? और फिर बिना उस ललक के, जो उस तृप्ति ने पैदा की थी, वे किताबें मुझे कैसे मिलती? जिन्हें चूक-चूककर भी अपने जीवन में उतारने की कोशिश में मैं आज भी लगा हूँ।

सवाल ही नहीं, यह इतवार के उस दिन ही होना था। उस क्षण ही घटना था, क्योंकि उसी बिन्दु पर मैं पूरी तरह तैयार था। मंजिल के लिए ठीक उतना बेचैन, जो मुझे सही रास्ते तक पहुँचा दे।

और यह ऐसे ही होना था, एक आलेख जैसी चीज के जरिए, क्योंकि यही मेरी भाषा थी इसलिए यह ऐसे ही हुआ।

यह मेरी कहानी है, ठीक ऐसे ही आपकी भी कोई कहानी होगी। हम सब की एक कहानी होती है। वैसे अलग, वैसे एक। अलग ऐसे कि इसे हम ही लिख भी रहे होते हैं, अपने-अपने लहजे में और एक ऐसे कि आज, इस क्षण हमें ठीक यहीं होना चाहिए था, जहाँ हम हैं। और कुछ हो ही नहीं सकता था। हम उनसे गुजरकर ही यहाँ तक पहुँच सकते थे। यहीं से हमारा रास्ता आगे जाता है, यही हमारा सच है इसलिए मेरी जिन्दगी में जितनी अहमियत उन किताबों की है, उतनी ही उस समय की भी जब मैं सोचता था कि मुझे कोई सुनने-समझने को तैयार नहीं। जब क्रोध, तनाव और थकान ने मेरे जीवन को अस्त-व्यस्त कर रखा था, क्योंकि जब वह ही नहीं होता तो यह भी नहीं होता। और इसलिए मुझे दोनों को ही मन से स्वीकारना होगा, दोनों को अपने जीवन में घटने का धन्यवाद देना होगा। यदि मैंने तब की खिन्नता अपने मन में रखी, तो आज मेरे सामने कितना ही अच्छा क्यों न हो, मैं उसे कभी अपना ही नहीं पाऊँगा। मेरा हर क्षण उसी झुंझलाहट में बीत रहा होगा। और हर अगले क्षण मैं अपने आपसे और नाराज हो रहा हूँगा कि एक और क्षण मैंने वैसे ही बीता दिया।

इतना ही नहीं, यही सही समय है और सही जगह भी!

आप कहेंगे, यहाँ तक तो ठीक है कि हम यहीं हो सकते थे, पर यह समय और जगह 'सही' कैसे हो सकते हैं? कितने मौके खोए हैं हमने? कितनी लापरवाहियाँ की हैं? थोड़ा ध्यान रखा होता, तो हम निश्चित ही बेहतर स्थिति में होते जिसके कि हम हकदार हैं!

ठीक है लेकिन एक मिनट के लिए सोचिए, जिस समय आपने जो किया उससे अलग आप उस दिन कुछ कर सकते थे? आपने उस दिन वह किया जो उस दिन आपकी समझ से सही था, और आज आप वह सोच रहे हैं जो आज आपकी समझ से सही है।

उस दिन वह सही था, आज वह जो आप सोच रहे हैं।

उन्हीं क्षणों ने इन क्षणों को बनाया है। वे ही हमें यहाँ लेकर आए हैं, जहाँ हम हैं और यह आज के क्षण ही हमें वहाँ लेकर जाएँगे, जहाँ हमें जाना है। बीते क्षणों के पास वह सब कुछ था जो यहाँ तक पहुँचने के लिए जरूरी था इसलिए आज के क्षणों के पास भी वो सब कुछ है जिसकी हमें उन क्षणों तक पहुँचने के लिए जरूरत है, जो हम अपनी जिन्दगी में देखना चाहते हैं।

यानी कि आज, अभी हमारे पास जो है पर्याप्त है। वह करने के लिए, जो हम सचमुच अपने जीवन में अब करना चाहते हैं।

आपको यकीन न हो, तो मिकी-माउस से पूछ लीजिए!

न्यूयॉर्क से अपने घर लौटते ट्रेन में बैठे वॉल्ट डिज्नी को लग रहा था जैसे उनकी जिन्दगी भर की मेहनत किसी ने ठग ली हो। क्या-क्या नहीं करते हुए वे यहाँ तक पहुँचे थे! बचपन में अखबार बाँटे, विज्ञापन कम्पनी में नौकरी की, दोस्त के साथ मिलकर अपना काम शुरू किया, पर नहीं चला, फिर नौकरी की लेकिन इस बार नौकरी फिल्म-एनीमेशन स्टूडियो में मिली थी। स्कूल से भाग-भाग कर थिएटर देखने वाले और स्कूल वार्षिक पत्रिका के लिए कॉर्टून बनाने वाले वॉल्ट को यह काम इतना रास आया कि बाकायदा उन्होंने इसे पढ़ना भी शुरू कर दिया। जहाँ काम करते थे उसी कम्पनी से कैमरा उधार लिया। अपने घर के पिछवाड़े, अपने उसी दोस्त के साथ फिर काम शुरू किया, नाम रखा 'लाफ-ओ-ग्राम।' कुछ ही समय में वे प्रसिद्ध होने लगे, उनका काम हाथों-हाथ बिकने लगा। वॉल्ट ने अपना एक स्टूडियो ले लिया और अपने साथ अपने हमउम्र कई एनिमेटर्स जोड़ लिए।

वे तब 'ऐलिस इन वंडरलैंड' की कॉर्टून सीरीज पर काम कर रहे थे कि उनसे एक कम्पनी ने सम्पर्क किया। वह चाहती थी कि 'लाफ-ओ-ग्राम' अब से उन्हीं के लिए काम करे, जिसके लिए वे अच्छा-खासा पैसा देने को तैयार थे। यह पैसा वे अपने लिए काम के साथ थोड़ा-थोड़ा कर देने वाले थे लेकिन अन्त में यहाँ भी धोखा हुआ। और नतीजा ये हुआ कि वॉल्ट अपना

सब कुछ गवाँ बैठे। यहाँ तक कि उन्हें अपना कैमरा बेच, काम की तलाश में हॉलीवुड की शरण लेनी पड़ी। वे डायरेक्टर बनना चाहते थे। न जाने कितनी जगहों, कितने दिनों तक धक्के खाए पर कुछ नहीं हुआ।

आखिर वे अपने पहले प्रेम एनीमेशन की तरफ लौटे और अपने आधे-अधूरे प्रोजेक्ट 'ऐलिस' को फिर शुरू किया। यह काम उनके अन्दर था, इसलिए बेहतरीन होना ही था। फिर उन्होंने उसी डिस्ट्रीब्यूटर के साथ दूसरी कॉर्टून सीरीज 'ऑस्वाल्ड, द लकी रैबिट' की, यह और भी सफल रही।

आज उन्हीं के साथ सीरीज के दूसरे भाग का कॉन्ट्रेक्ट रीन्यू होना था। भरोसा था उन्हें अपने डिस्ट्रीब्यूटर पर, इसलिए उन्होंने कभी ऑस्वाल्ड कॉर्टून करैक्टर्स के राइट्स अपने नाम करवाए ही नहीं और आज उन्हें एक ही मिनट में कह दिया गया था कि अब हमें तुम्हारी जरूरत नहीं।

जिन चरित्रों को उन्होंने प्रेम से सींचा था और जिन्हें रचने में वर्षों का अनुभव लगा, वे अब किसी और के थे।

आज वे फिर वापस वहीं खड़े थे जहाँ से शुरू हुए थे।

इससे ज्यादा और कोई क्या ठगा जाएगा!

ट्रेन में बैठे वे इन्हीं सब यादों से गुजर रहे थे कि अचानक उन्हें वह चूहा याद आया, जो लाफ-ओ-ग्राम के शेड में धूम मचाए रखता था। सभी को उँगलियों पर नचाए रखता। यही मिक्की माउस का जन्म था, और यह तो तय था ही कि इस बार उसके अधिकार पहले ही दिन से उनके पास रहेंगे। जब सब कुछ लुट चुका था, तब भी जेहन में कहीं किसी कोने में उनके पास मिक्की माउस था। उन्होंने जो कुछ हुआ, उसके क्रोध और उसकी झुँझलाहट में मिक्की को खोया नहीं, और न ही उस क्षण याद किया कि ऐसा नहीं वैसा हो जाता तो कितना अच्छा रहता।

शायद रहता भी, पर वैसा होता कैसे, वह समय तो जा चुका था।

या उसका होना बस इतना सीखाने भर को ही था!

बिल्कुल, ऐसा ही था। उन्हें तो कहीं और पहुँचना था, उन्हें तो अपने मिक्की माउस से मिलना था।

उनके हाथों तो डिस्नीलैंड बनना था!

ठीक इसी तरह आपके साथ आज तक जो हुआ, वह आपको वहाँ पहुँचाने का हिस्सा भर है जहाँ आपको पहुँचना है। एक बहुत बड़ी योजना

का एक छोटा-सा हिस्सा। और आज आपकी बात जिससे बनने वाली है, वह आपके भी जेहन में कहीं दुबकी पड़ी है। बेचैनी नहीं, धैर्य और विश्वास से वह आपके द्वार पर आएगी, आपकी सहचरी होगी और तब रास्ता तो स्वतः सुगम होगा ही। अन्त में आप भी अपने आपको वहाँ पहुँचा पाएँगे, जहाँ सचमुच पहुँचना है। इसीलिए मुझे खुशी है, जो है उसी से कुछ बना लेने की और उसी के होने से मैं खुश हूँ।

कस्तूरी कुंडल बसै

सबसे बड़ी सफलता थी सबसे पहला थोड़ी देर का सपना। एक शाहबलूत अपने फल में सोया होता है, एक चिड़िया अंडे में इन्तजार कर रही होती है; और आत्मा को गहनतम भाव से देखें तो एक देवदूत जागने को अकुला रहा होता है। सपने वास्तविकताओं के अंकुर होते हैं।

—**जेम्स ऐलन,** *एज ए मैन थिंकेथ*

सफलता कुछ करने या कुछ पाने में नहीं, बल्कि अपनी सम्भावनाओं के पता चल जाने में होती है। इसके बाद तो एक प्रक्रिया है, जिससे गुजरना भर होता है। एक कबूतर को जन्म के पहले दिन से उड़ना होता है। उड़ पाना यदि उसका सफल होना है, तो इसके लिए उसे जिन्दगी का एक मिनट भी इस चिन्ता में गँवाने की जरूरत नहीं। वह सफल है ही, उसे तो बस निश्चिन्तता के साथ प्रयासों से इसे बाहर लाना है। यहाँ तक कि किसी नवजात कबूतर के पंख आप बाँध भी दें और उन्हें कुछ महीनों या यहाँ तक कि कुछ सालों के बाद भी खोलें, तो भी उसमें उड़ना रहेगा। और जिस दिन भी आप उसे बन्धन मुक्त करेंगे, वह उड़ पाने में सक्षम होगा।

इसी तरह आप भी इस क्षण जिन्दगी के चाहे जिस भी मोड़ पर खड़े हैं, आपकी सफलता निश्चित है, यदि आप अपनी सम्भावनाओं को जान और मान लें।

और उड़ पाना ही एक कबूतर की सफलता है, क्योंकि यही वह बात है, जो उसकी जिन्दगी में खुशियों का कारण बन सकती है। यही करके वह दूसरे कबूतरों से बेहतर उड़ सकता है, अपने बच्चों के लिए दूर-दराज से दाना

ला सकता है और किसी के काम आ सकता है लेकिन यदि उसने उड़ने की जगह कुछ और, जैसे दौड़ पाना, चुन लिया तो बेड़ा गर्क।

हम भी अपनी सम्भावनाओं को तराश कर ही अपने हिस्से की यश, प्रसिद्धि और समृद्धि पा सकते हैं। वह जिन्दगी जी सकते हैं, जिसकी हमें कामना है, जो हमारे अनुकूल है। हम सब को ये तीनों ही चाहिए होती है लेकिन अलग-अलग अनुपात में। यह अनुपात ही वह जीवन बनाता है, जो सिर्फ हमारा होता है, सबके जैसा फिर भी सबसे अलग।

यानी सम्भावनाओं का सम्भव करते जाना ही जीवन है, इसलिए यह तो विचार ही बेतुका है कि मुझमें कोई सम्भावना नहीं। कोई एक बात हम सब में है और वही हमारा होना है। ऐसा भी नहीं कि वह बात हम ही में है, बहुतों में होगी लेकिन जैसे हम करने वाले हैं, वैसे हम एक ही होंगे और उसकी दुनिया को उतनी ही जरूरत भी होगी। हमारा होना कोई बेवजह नहीं। जो हमारे में है, हम वह कर दुनिया की जरूरतें पूरी कर रहे होंगे और दुनिया हमारी; वैसे ही जैसे ऐसा कुछ भी नहीं जो न लिखा जा चुका हो लेकिन आज भी किताबें लिखी भी जा रही हैं और पढ़ी भी, क्योंकि जिस तरह से लेखक अपनी बात कह रहा है, वैसे कभी नहीं कही गई और ठीक उसी समय ऐसे लोग भी हैं, जो उस बात को वैसे ही सुनना चाहते हैं, समझना चाहते हैं।

हमें तो अपने आपको होने देना होता है, बस; बाकी की सारी बातें तो उन सबसे बचाने की है जो उस 'होने देने' को रोकती है। लालन-पालन हो या शिक्षा-दीक्षा कोई हमें वह नहीं बना सकती, जिसका होना हम में नहीं, और कोई परिस्थिति जो हम में है, उसे होने देने से रोक नहीं सकती। पर हम ही हैं, जो हमारे बीच में आते हैं और लाता है हमारा अहम् सनदेहों और तर्कों के जरिए। प्रश्न करने लगते हैं कि जो मैं हो सकता हूँ, वह मेरे जीवन, मेरे गुजर-बसर के लिए काफी होगा? ठीक इस समय हम अपने अहं से कह पाएँ कि 'हाँ, काफी होगा', इसी आत्म-विश्वास की कुँजी है यह सत्य कि हमारा होना हमारे में ही निहित है और वही हमारी सफलता भी।

यही सत्य उन 'अच्छी सलाहों' से भी बचाता है, जिन्हें हम बिना सोचे-समझे मानने लगते हैं।

और इन सबसे पहले मन को वह निश्चिन्तता तो देता ही है, जो हमें अपना शत-प्रतिशत देने की एकाग्रता और साहस देती है।

चन्द्रगुप्त को चक्रवर्ती सम्राट चाणक्य ने नहीं बनाया था। उसमें चक्रवर्ती होना है, इसे पहचाना था और फिर उसे वह सब कुछ उपलब्ध करवाया था, जो ऐसा हो पाने के लिए जरूरी था और उन सबसे बाड़ लगाई थी, जो उसे ऐसा होने से रोक सकती थी।

उस दिन गुजरते हुए चाणक्य ने कुछ बच्चों को राजदरबार का स्वाँग लगाते देखा था। वह उन्हें इतना स्वाभाविक लगा कि वे पेड़ की ओट में हो गए। एक बालक शिला पर बैठा राजा की भूमिका में और दाएँ-बाएँ दरबारियों की पँक्ति, इतने में दो सिपाही एक अपराधी को प्रस्तुत करते हैं। राजा धैर्यपूर्वक सुन, उसे छः माह के कारावास की सजा सुनाते हैं। तत्पश्चात् दूसरा अपराधी लाया जाता है। एक ही अपराध, वैसी ही परिस्थिति लेकिन दरबारियों की राय होती है कि उसकी सजा थोड़ी अधिक होनी चाहिए। क्यूँ? क्योंकि वह पड़ोसी राज्य का नागरिक है।

इतना सुनते ही राजा बने चन्द्रगुप्त की त्योरियाँ चढ़ जाती है। वह आवेशित हो लेकिन बड़ी स्पष्टता से कहता है, "राज्यों की संरचना के पीछे कई कारण हो सकते हैं लेकिन वह अपनी न्याय व्यवस्था में प्रत्येक व्यक्ति को एक भारतीय की दृष्टि से देखता है। हम सब पहले भारतीय हैं।" और चाणक्य पहचान गए, मगध का वह भावी सम्राट उनके सामने था, जिसकी उन्हें तलाश थी। सम्राट होना चन्द्रगुप्त में था, जन्मजात।

ऐसे ही हर किसी का होना उसमें होता है, आपका आप में, मेरा मुझ में।

और यह हो पाना ही हमारी सफलता है। हमारी सफलता हम में ही निहित होती है।

आप कहेंगे, चन्द्रगुप्त के चक्रवर्ती सम्राट हो पाने के लिए चाणक्य की भी तो जरूरत होती है? क्या होता यदि चन्द्रगुप्त को चाणक्य नहीं मिलते?

तो मैं कहूँगा, जितनी जरूरत चन्द्रगुप्त को चाणक्य की थी, उतनी ही जरूरत चाणक्य को भी चन्द्रगुप्त की थी। क्या चाणक्य, चाणक्य हो पाते यदि चन्द्रगुप्त नहीं होता? पर सच तो यह है, न ऐसा होता, न वैसा। यह कोई संयोग नहीं, प्रकृति की गणित है। चन्द्रगुप्त हैं, तो चाणक्य होंगे और चाणक्य हैं, तो उन्हें चन्द्रगुप्त मिलेंगे ही। बस, चन्द्रगुप्त तर्क-वितर्कों में उलझ अपने सम्राट हो पाने को अवास्तविक समझ, अपनी सोच, अपने आचरण में समझौता न करने लगें और चाणक्य यह सोचकर कि अब कोई

वैसा तो मिलने से रहा, किसी कम सक्षम को सम्राट बनाने की कोशिश न करने लगें।

चन्द्रगुप्त ने अपने सहज भाव पर कभी सनदेह नहीं किया। छुटपन में ही वे एक जगह अपने मामा से कहते हैं, "मैं भेड़-बकरियाँ चराने नहीं जाऊँगा। ऐसा नहीं कि मैं इसे निम्न कृत्य समझता हूँ लेकिन मैं भेड़-बकरियों को मार्ग नहीं दिखाना चाहता।" चाणक्य ने उसके इसी भाव को भाँपा था और चन्द्रगुप्त की माँ से कहा था, "माँ, तू मुझे शिक्षा के लिए इसे तक्षशिला ले जाने दे। तूने एक सम्भावना को जन्म दिया है, मैं उसे सम्भव बनाऊँगा।"

अपने-अपने जीवन में हमारी समझ चाणक्य है और हमारी सम्भावनाएँ चन्द्रगुप्त। हम ही हमारे चाणक्य और हम ही चाणक्य के चन्द्रगुप्त; अब आप ही बताइए, जिस दिन से हम अपनी सम्भावनाओं को सफल करना तय कर लें, हमें सफल होने से कोई रोक सकता है भला!

आप जैसा कोई नहीं

देहबुद्धया तु दासोऽहं,
जीवबुद्धया त्वंदशक:।
आत्मबुद्धया त्वमेवाहमिति,
मे निश्चिता मति:॥

—हनुमान श्लोक*

हम स्वीकार भी किए जाएँ और प्रेम इसका जरिया भी बने लेकिन हम जैसे हैं ठीक हैं, बिलकुल ठीक! हमें ऐसा ही होना चाहिए था! जो आज तक हुआ वह भी ठीक ही हुआ, उसे वैसा ही होना चाहिए था, क्योंकि उसके अलावा कुछ और हो ही नहीं सकता था। आज, अभी हम जहाँ हैं वही हमारे लिए सही समय भी है और सही जगह भी, क्योंकि यहीं से हमारा रास्ता आगे को जाता है! इसी पर चलकर हम वह हो सकते हैं, जो होने इस बार हम यहाँ आए हैं। और इससे अव्वल, हमारा सफल होना तय है! तय क्या है, हम सफल हैं ही, बस इसका घटना हमारे कदम बढ़ाने का इन्तजार भर कर रहा है!

इतना सब कुछ? महज हौसलाअफजाई है या इसमें कुछ सच्चाई भी?

आखिर हम हैं कौन?

कोई पूछे हमसे यह तो सबसे पहले हम अपना नाम और फिर काम बताएँगे। कहने लगेंगे अपने बारे में कुछ और तो अपनी इच्छाओं, भावनाओं और संवेदनाओं के बारे में बात कर लेंगे। अपनी क्षमताओं, और अधिक हुआ तो अक्षमताओं के बारे में बात कर लेंगे। यानी हमारा परिचय, जो हम जानते हैं, उन सबके चारों ओर बना 'जो है', जिसका भौतिक अस्तित्व है।

* डॉ. सर्वेपल्ली राधाकृष्णन की *भगवद्गीता* से

कोई हमसे किसी और के बारे में पूछेगा तब भी हम ऐसा ही कुछ जवाब दे रहे होंगे कि उसका नाम क्या है, वह दिखता कैसा है, उसका आकार-प्रकार क्या है? ज्यादा हुआ तो वही, उसकी खास-खास बातें।

निश्चित ही यह हमारा परिचय है लेकिन क्या इतना ही? सोचता तो लगता, बस इतना-सा तो नहीं हो सकता। आखिर वह वजह भी तो मुझ में ही है जो मेरे हृदय को धड़काती है, मुझे चलने-फिरने के लायक बनाती है, सोचने-समझने की शक्ति देती है। वह भी तो मैं ही हूँ!

लेकिन, क्या है वह?

इसे ढूँढ़ता तो जवाब आत्मा, ईश्वर और परमात्मा जैसे शब्दों में मिलते। ये शब्द अच्छे भी लगते और सम्बल भी देते, क्योंकि ये मेरे संस्कारों में थे लेकिन जब इनके मायने जानने की कोशिश करता, तो कह दिया जाता कि यह मामला विश्वास का है! यह जानने की नहीं, मानने की बातें हैं, और आगे जैसे दीवार आ जाती। कोई रास्ता न सूझता पर इस दरमियान एक बात पर विश्वास अपने आप बन रहा था कि हो-न- हो, कोई-न-कोई ऊर्जा तो है, जो इन सबके होने की वजह है, इन सब के पीछे है।

और जब मैं इस तरह सोचता, तब वे प्रश्न अपने आप ही शान्त होने लगते, जो अपने चारों और फैले अचम्भों को देख मन में जब-तब उठते रहते थे। पृथ्वी का सूर्य की और चन्द्रमा का पृथ्वी की परिक्रमा करना, गुरुत्वाकर्षण बल, ज्वार-भाटा और इसी तरह न जाने क्या-क्या! इस तरह वह विश्वास और दृढ़ होता चला जाता कि हो-न-हो, कोई-न-कोई ऊर्जा ही है, जो हम सबको, इस सृष्टि को चलायमान रखे हैं।

पर फिर उलझता। मैं ऊर्जा हूँ जिसके पास शरीर है। जैसा कि संगठित धर्म कहते हैं, जहाँ शरीर गौण है, मिथ्या है। या मैं शरीर हूँ जिसके गर्भ में पकते ही ऊर्जा स्वयं प्रविष्ट कर जाती है और क्षीण होते ही छोड़ जाती है।

मैं क्या हूँ? मैं कौन हूँ?

न जाने कितने सालों तक यह प्रश्न मेरे जेहन में बना रहा था। लगता था शायद यह कभी हल होगा भी नहीं कि एक दिन जवाब मिला, डॉ. सर्वेपल्ली राधाकृष्णन की भगवद्गीता के 'परिचय' में, दिया था स्वयं हनुमान जी ने।

यह एकमात्र श्लोक है, जो स्वयं हनुमान रचित माना जाता है। श्लोक क्या है अध्यात्म का सार है, हमारा सम्पूर्ण परिचय।

वे बताते हैं, "देह की दृष्टि से मैं तेरा दास हूँ, जीव की दृष्टि से तेरा अंश और आत्मा की दृष्टि से तो मैं तू ही हूँ और यह मेरा निश्चित मत है।"

मैंने जैसे ही 'तेरा' की जगह 'ऊर्जा' को रखा, बात बन गई! तब देह की दृष्टि से मैं तेरा दास हूँ का आशय हुआ, जब मैं अपने आपको शरीर ही समझ रहा होता हूँ, तब मैं उस ऊर्जा पर आश्रित होता हूँ। यह परिचय तो मुझसे मेरा था ही, यदि मेरे हृदय का धड़कना, मेरा चलना-फिरना, मेरा सोचना-समझना और ऐसी तमाम बातें किसी ऊर्जा की वजह से हैं, तो मैं उस पर पूरी तरह आश्रित हूँ ही! यदि वह नहीं तो मैं नहीं।

लेकिन इसके आगे का परिचय मेरे लिए नया और अद्भुत था।

जीव की दृष्टि से तेरा अंश,—यानी जब मुझे अहसास रहता है कि मैं भी उसी ऊर्जा की वजह से हूँ, जो इस दुनिया की, सारे भौतिक अस्तित्व की वजह है लेकिन इसी समय मुझे अपने पृथक इकाई होने का भान भी बना रहता है, तब मैं तेरा अंश होता हूँ। मैं उस ऊर्जा की ही अभिव्यक्ति होता हूँ लेकिन अपनी विशिष्टताओं के साथ।

और तब समझ पाया कि हर कोई उस ऊर्जा की ही अभिव्यक्ति है लेकिन सबकी अपनी-अपनी विशिष्टताएँ हैं। इसी कारण मैं इस दुनिया को अपनी ही तरह महसूस करता हूँ और अपने आपको अपनी ही तरह व्यक्त करता हूँ। 'व्यक्ति' का यही तो आशय है। तो मैं हुआ, उस ऊर्जा की स्वतंत्र भौतिक अभिव्यक्ति। दुनिया में एक जैसा दूसरा कोई नहीं, यानी जितने हम उतने रूपों में वह ऊर्जा प्रकट हुई है।

अरे! यही तो हुई आत्मा, और आत्माओं का योग परमात्मा। इसी ऊर्जा का मानवीकरण कर धर्मों ने इसे ईश्वर, अल्लाह, जीसस, वाहे गुरु जैसे नामों से पुकारा होगा।

और श्लोक के तीसरे चरण की डोर हाथ में आने लगी। आत्मा की दृष्टि से तो मैं तू ही हूँ,—यानी जब मैं अपने आपको वह ऊर्जा ही समझ रहा होता हूँ, और उसमें इतना रम जाता हूँ कि मुझे अपने-पराये का भान ही नहीं रहता। मैं उस ऊर्जा के साथ एकीकृत हो जाता हूँ। जब मेरी पृथक इकाई होने की दीवार ढह जाती है, तब मैं वह ऊर्जा ही हो जाता हूँ जिस तरह हर एक बूँद अपने में एक पूरा समुद्र होती है।

एक बूँद का बूँद होना जीव-बुद्धि हुई, तो एक बूँद का अपने आप में पूरा समुद्र लिए होना आत्म-बुद्धि।

ऊर्जा शब्द की खराश उसकी जगह 'ईश्वर' शब्द लगाने से मिट गई और तब मेरा परिचय बना, "मैं ईश्वर की स्वतंत्र भौतिक अभिव्यक्ति हूँ।"

मैंने सोचा, तब भी क्यों न मैं इसे दैनिक जीवन की कसौटी पर कसकर देखूँ? सब्जेक्टिव एनर्जी से ऑब्जेक्टिव एनर्जी तक पहुँचने की कोशिश करूँ! और तब ऊर्जा के जिस रूप का सबसे पहले ख्याल आया वह था, विद्युत। मैं विद्युत को सोचने लगा। विद्युत अपनी उत्पत्ति से पहले भी अपने मूल स्रोत के साथ किसी-न-किसी रूप में समाई होती है। फिर हम अलग-अलग विधियों से इसका उत्पादन करते हैं। तरीका चाहे जो हो, यह अपने उद्गम पर 440 V की ही होती है। हमारे घर में भी इतने ही वोल्ट की जरूरत होती है लेकिन हर घर के लिए संयन्त्र से इतनी लाइनें तो खींची नहीं जा सकती! और तब अपने उत्पत्ति के स्थान पर इसे विभिन्न ट्रांसफॉर्मर्स से गुजार, हाई वोल्टेज का बनाया जाता है। विद्युत को घनीभूत कर दिया जाता है। यही वे 'पावर हाउस' या 'सब स्टेशन' होते हैं। इस तरह हाई वोल्टेज का बन यह रिहायशी इलाकों तक पहुँचती है। यहाँ एक बार फिर इसे ट्रांसफार्मर्स के जरिए 440 V में तब्दील कर घरों में वितरित किए जा सकने के लायक बनाया जाता है। और तब, घरों में पहुँच यह अलग-अलग कामों के उपयोग में लिए जाने वाले उपकरणों के चल पाने का कारण बनती है।

जो विद्युत घर के पंखे में है वही ट्यूबलाइट में भी और उसी कारण डोरबेल बजती है। तीनों का अलग-अलग काम लेकिन तीनों के अपना-अपना काम करने की वजह एक ही, 440 V की विद्युत। और ये विद्युत भी अपने गुण-धर्म में बिलकुल 11KV की हाई वोल्टेज वाली विद्युत जैसी ही।

जिस तरह विद्युत अपनी उत्त्पति से पहले किसी-न-किसी रूप में समाई थी, वैसे ही हमारे होने की सम्भावनाएँ भी हमेशा ही विद्यमान थी। तब भी जब कुछ नहीं था, फिर विद्युत के उत्पादन की ही तरह उस कुछ नहीं की स्थिति में कुछ हुआ, जिसे हम बिग-बैंग या ओम का नाद कहते हैं। और तब वह सारा कुछ नहीं, सब कुछ, यानी सृष्टि के रूप में प्रकट हो गया। यह सृष्टि उस ऊर्जा का अभिव्यक्त हो जाना ही तो हुआ, जो पहले विद्युत की ही तरह सुषुप्त पड़ी थी। जिस तरह 11KV की विद्युत अपने गुण-धर्म में 440V जैसी वैसे ही हमारी ऊर्जा भी अपने गुण-धर्म में वैसी ही जैसी मूल ऊर्जा।

विद्युत, बस विद्युत, उद्गम से उपयोग तक। वैसे ही ईश्वर बस ईश्वर, परमात्मा से अपनी भौतिक अभिव्यक्ति तक, सृष्टि हो जाने तक। एक बूँद अपने आप में समुद्र और, आप और मैं अपने आप में उतने ही ईश्वर। मेरा होना, ईश्वर का मेरी तरह से होना है। आपका होना, आपकी तरह से ईश्वर का होना है। सृष्टि का प्रत्येक घटक ईश्वर का होना है। आप उसकी स्वतंत्र भौतिक अभिव्यक्ति हैं, आप जैसा कोई नहीं लेकिन आप में भी वही ईश्वर। आपको इसी तरह का, ऐसे ही होना था, होना है, इसलिए वाजिब है आपका यह चाहना कि आप स्वीकार किए जाएँ और प्रेम उसका जरिया बने। आप ठीक है, बिलकुल ठीक क्योंकि आपको ऐसा ही होना था। वह ऊर्जा आपसे यूँ ही अभिव्यक्त होना चाहती थी।

और जो आपको होना है, उसके हो पाने में भी कोई किन्तु-परन्तु नहीं, क्योंकि ऐसा करने में वह ऊर्जा लगी है, जिससे यह सृष्टि चलायमान है और जिसे आप और मैं ईश्वर कहते हैं। इसीलिए आपका सफल होना तय है! तय क्या है, आप सफल हैं ही, बस इसका घटना आपके कदम बढ़ाने का इन्तजार भर कर रहा है!

अर्थ का अध्यात्म

अन्धं तमः प्रविशन्ति ये अविद्यामुपासते।
ततो भूय इव ते तमो य उ विद्यायां रताः॥

—**ईशावास्योपनिषद**, श्लोक नौवाँ

जानने और पहचानने के बाद और अपने आपको पाने से पहले मुझे लगता है यही वह बात है, जिस पर हमारा काम करना जरूरी है। इस बात को समझे बिना आगे बढना वैसा ही होगा, जैसे फॉर्मूला लगाए बिना गणित के प्रश्न को हल करने बैठना।

प्रश्न है कि, क्या समृद्ध होना आध्यात्मिक होने के विरुद्ध है? समृद्ध होना यानी आर्थिक रूप से भी सम्पन्न होना, धनी होना। इसके लिए जरूरी है हमें दुनियादारी की कलाएँ आए भी और हम अपने दैनिक जीवन में सफलतापूर्वक उन्हें लागू भी कर पाएँ।

पर, क्या इन सबके बीच आदमी आध्यात्मिक बना रह सकता है?

या हमें इन दोनों, अध्यात्म और समृद्धि, में से कोई एक रास्ता चुनना होता है?

नजरें घुमाता हूँ तो ऐसा ही कुछ लगता है!

अधिकतर लोग पैसों में ही उलझे हैं, उनके लिए हर बात का मापदंड यही है, तो कुछ लोग ऐसे भी हैं जो पैसों से विरक्त हो ऐसा जीवन जी रहे हैं, जो कम-से-कम मेरे जैसों के लिए तो मुमकिन नहीं। ऐसा शायद इसलिए भी नहीं कि मेरा हमेशा ही मानना रहा है कि अपने प्रयासों से हासिल भौतिक सुखों पर भी व्यक्ति का अधिकार क्यों न रहे? क्यों नहीं वह यह सारे सुख भी भोगे?

जब यही सब घुमड़ रहा था तब ख्याल आया, ऐसा हुआ ही क्यों होगा? क्यों हम अध्यात्म और समृद्धि को एक-दूसरे के विपरीत देखने लगे? अर्थ ने तो हमारे जीवन को आसान ही बनाया है, फिर यह अध्यात्म से विलग कैसे हुआ?

...

'जीवन को आसान बनाया, बस यही से सिरा हाथ में आया।

हम जीवन को आसान बनाने, वस्तुएँ बनाते और सुविधाएँ जुटाते चले गए। धीरे-धीरे हमें उनकी आदत लग गई और कब वे हमारी जरूरतें बन गईं, हमें पता ही न चला! अब इन बढ़ती जरूरतों के लिए हमें थोड़ा और कमाना था। ये 'थोड़ा और', 'थोड़ा और' एक दौड़ में बदल गया, जिसने खुशियों को बहुत पीछे छोड़ दिया था।

कुछ हमेशा होते हैं, जो भुलावे में नहीं आते, जो दौड़कर या दूसरों को दौड़ता देख जीवन को आसान बनाने की जुगतों का खोखलापन भाँप गए थे। जिन्हें अहसास हो गया कि इन सबका हमारी खुशियों से कोई लेना-देना नहीं, वे इससे अलग हो अध्यात्म की ओर मुड़ गए।

एकबारगी तो मुझे भी यही ठीक लगा लेकिन दूसरे ही क्षण ख्याल आया कि 'अर्थ' तो व्यक्ति के चार पुरुषार्थों धर्म, अर्थ, काम, मोक्ष में से एक है। व्यक्ति की सम्पूर्णता तो इन चारों को साध लेने में ही है।

फिर ईश्वर भी तो ऐश्वर्यवान है और हम उसकी ही अभिव्यक्ति!

विविध रंगों से बिखरी प्रकृति से अधिक श्रृंगार भला किसमें होगा फिर प्रकृति का ही एक अंग, इन्सान ही अकेला इतना बेरंग क्यों रहे?

प्रकृति से जुड़ते ही 'सनतुलन' अपने आप उभरा। सनतुलन का पर्याय ही तो है प्रकृति। बात धुँधली, पर दीखने लगी थी कि रास्ता न तो अध्यात्म का है और न ही समृद्धि का, बल्कि इनके उचित मिश्रण का है। एक आध्यात्मिक जीवन समृद्ध बने यही हमारे कर्मों का ध्येय होना चाहिए। हम सही रास्ते पर चलते, मिल रहे सभी सांसारिक सुखों का आनन्द लें, इसमें कुछ भी गलत नहीं।

लेकिन यह धुँधलका पूरी तरह दूर किया ईशावास्योपनिषद के नौवें श्लोक ने।

कहते हैं, गीता से बाहर ज्ञान नहीं। अट्ठारह अध्यायों की गीता, और उन्हीं अट्ठारह अध्यायों का निचोड़ ईशावास्योपनिषद के अट्ठारह श्लोक, इतने सारगर्भित। उपनिषद का नौवाँ श्लोक कहता है, "करते हैं प्रवेश घने

अन्धकार में जो हैं मग्न अविद्या में, पाते हैं उससे भी घोर घना अन्धकार, जो रमे है सदैव विद्या में।"

यहाँ अविद्या से आशय अशिक्षा से नहीं है। यहाँ अविद्या मतलब वह सारा ज्ञान जो बस यहीं के काम का है, आगे जिसका कोई उपयोग नहीं। यहीं, इस दुनिया में हमारे रहने तक का यानी व्यावहारिक ज्ञान। वे सारी बातें जो हमें इस दुनिया में बने रहने और रहने के लायक बनाती है। बोलचाल की भाषा में कहें तो, दुनियादारी।

और विद्या, जो शाश्वत है। हर स्थिति में जो एक सी बनी रहती है। जो हमारे आने से पहले और जाने के बाद को समझाती है। जो हमारे जाने को आसान-सहज बनाती है। जो हम से हमारा परिचय कराती है। जो हमें याद रखना सिखाती है कि हम यहाँ आए क्यूँ हैं? और करना क्या है?, यानी अध्यात्म।

करते हैं प्रवेश घने अन्धकार में जो हैं मग्न अविद्या में,—जिन्हें दुनियादारी के सिवा कुछ नहीं सूझता। डूबे हैं जो भौतिक संसार में, उपनिषद कहता है, उनके जीवन में धीरे-धीरे अँधेरा छाता चला जाता है।

पाते हैं उससे भी घोर घना अन्धकार जो रमे है सदैव विद्या में,—जिन्होंने अध्यात्म को ही जीवन समझ लिया। जो अपने आपको और उसके जरिए सृष्टि को और अन्ततः प्रकृति, ईश्वर को समझने में ही लगे हैं, जिन्हें और कुछ सूझता ही नहीं उनके जीवन में तो जैसे उससे भी घना अँधेरा छाने लगता है।

पहली बात तो खूब समझी हुई थी ही,—भौतिक संसार तो है ही वही जो हमारी आँखों के सामने है, जो हमें दिखाई पड़ रहा है। पर इसमें मैं अपने आपको नहीं देख पाता, इसलिए इसमें मैं नहीं होता। होती हैं वही; वस्तुएँ, सुविधाएँ। मैं सोचता हूँ, यह मुझे खुशियाँ देंगी और यहीं मुझसे गलती हो जाती है। खुश तो मुझे ही होना होता है, या मैं ही होता हूँ। हाँ, जब मैं खुश होऊँ तब यह वस्तुएँ, सुविधाएँ मुझे उस खुशी को मनाने में जरूर मदद करती हैं, सहायक बनती हैं। जैसे किसी के घर में किलकारियाँ गूँजें, वह बहुत खुश हो और वह अपने सारे मिलने-जुलने वालों को मुँह मीठा करवाना चाहे। खुश वह था, मिठाई बाँट पाने ने उसको अपनी खुशी मनाने में मदद की, बस।

अब यदि मैं अपने खुश रहने को भूलकर उन्हें मनाने के सामान इकट्ठा करने में ही जुटा रहूँ, इतना कि जब कभी मेरे पास खुश होने के वाजिब कारण भी हों, तब भी मुझे दिखाई न पड़े तो ये अन्धकार नहीं तो और क्या होगा?

यानी जब मैं डूबा हूँगा दुनियादारी में, पैसों के पीछे भाग रहा हूँगा तब मुझे सब कुछ दिख रहा होगा सिवाय अपने आपके। मुझे सारी आवाजें सुनाई दे रही होंगी सिवाय अपने अन्तर्मन की आवाज के। ऐसे में कितना कट जाऊँगा मैं अपने आपसे।

और ऐसा जीवन तो निश्चित ही अँधेरों की ही तरफ जा रहा होगा।

लेकिन जो अपने आपको जानने में लगा है, जो प्रकृति को समझना और ईश्वर को पाना चाहता है। जिसने इसी तलाश को अपना जीवन बना लिया है, जिसे और कुछ नहीं सूझ रहा, वह तो आदर्श होना चाहिए। उसके बनाए रास्तों पर तो चलना चाहिए, फिर उसका जीवन अन्धकारमय कैसे हो सकता है?

और अन्धकार भी उसके जीवन से ज्यादा घना, जो पूरी तरह दुनियादारी में उलझा है!

और जब आचार्यों की व्याख्याओं के जरिए इसकी तह तक पहुँचा, तो सचमुच जैसे एक नई दृष्टि ही मिली। हम सब यहाँ इस दुनिया का अनुभव लेने, आनन्दित होने और उस आनन्द को व्यक्त करने ही तो आते हैं। अनुभूति और अभिव्यक्ति यही तो हमारे होने की वजहें हैं, वरना हम होते ही क्यूँ? ऊर्जा तो पड़ी ही थी निष्क्रिय, 'सब्जेक्टिव फॉर्म' में। बिलकुल उस विद्युत की तरह, जो अपने उत्पादन से पहले अपने मूल स्रोत में समाई रहती है। यदि विद्युत से कोई उपकरण नहीं चलाना हो, तो हम उसे पैदा ही क्यूँ करें? यदि उस ऊर्जा को अनुभूति और अभिव्यक्ति से नहीं गुजरना हो, तो वो व्यक्त ही क्यूँ हो?

इसीलिए तो हम व्यक्ति कहलाते हैं!

हाँ, हमें याद रहे कि हम कौन हैं? इससे हमारे कर्म, हमारे व्यवहार वैसे होंगे जैसा उन्हें होना चाहिए पर हम हैं यहाँ अपने कर्मों, आपसी व्यवहारों के लिए ही। अध्यात्म का उद्‌देश्य हमारे जीवन को रास्ते पर रखना है। पर वे लोग जो दुनियादारी से थक-हार या किसी और को थका-हारा देख यहाँ पहुँचते हैं, वे निश्चित ही वापस वहाँ नहीं जाना चाहेंगे, और यह स्वाभाविक भी है। अब वे अध्यात्म में ही रमे रहते हैं, और ऐसा उन्हें भाता भी है। अध्यात्म से जानी संसार की नश्वरता उन्हें उसकी निरर्थकता लगने लगती है। कोई चीज कल न रहेगी इसका ये मतलब नहीं होता कि वह बेवजह है, पर वे ऐसा ही समझने लगते हैं। इस तरह इधर वे दुनिया से कटने लगते हैं, उधर जब वे जानने लगते हैं अपना और ईश्वर का सम्बन्ध, तो जैसे दुनियादारी से उनकी

नापसनदगी को वैधता मिलने लगती है। उनका ज्ञान उनके 'मैं' को बड़ा करने लगता है। ये अहंकार उन्हें अपनों से दूर कर देता है। दुनिया में जो भी है, वह यही रह जाना है, उन्हें अकर्मण्य बनाने लगता है। कर्म और व्यवहार से दूर ऐसे व्यक्तियों के जीवन से रस सूखने लगता है। जीवन एकाकी हो जाता है।

और अकेलेपन से गहरा अन्धकार तो होता ही नहीं और वही उनके जीवन में छाने लगता है; इसीलिए उपनिषद कहता है, "पाते हैं उससे भी घोर घना अन्धकार जो रमे है सदैव विद्या में।"

यदि आपके मन में किसी महापुरुष, योगी या फिर सनयासी का जीवन उभर रहा हो, तो मैं आपको याद दिला दूँ, उन्होंने भी अपने ज्ञान को लोगों में बाँटा, अपने शिष्यों को बताया, समझाया कि जब मैं न रहूँ, तब तुम सब इसे ऐसे ही बाँटना। उन्हें सही रास्तों पर चलने में मदद करना। उनका कर्म-व्यवहार निश्चित ही उच्च था, पर कर्म-व्यवहार से अछूता कोई नहीं।

कर्म और व्यवहार हमें स्वत: समृद्ध बनाते हैं, यह हमारा स्वाभाविक अधिकार है। इस तरह ईशावास्योपनिषद के प्रकाश से धुंधलका अब पूरी तरह छँट चुका था। समृद्ध होने और आध्यात्मिक होने में बैर नहीं, सामंजस्य है। समस्या वस्तुओं और सुविधाओं के होने, उनके लिए प्रयास करने में नहीं, उन्हें ही खुशियों का पर्यायवाची, जीवन मान लेने में हैं। वे होनी चाहिए, जरूर हों क्योंकि जब हम खुश होंगे तब वे ही होंगी, जो उन्हें मनाने में हमारी मदद करेंगी।

ऐसे ही जीवन का रास्ता हमें ढूँढ़ना होगा, बनाना होगा।

बात कुछ और है

जाग पियारी अब का सोवै।
रैन गई दिन काहे खोवै॥
जिन जागा तिन माणक पाया।
तै बौरी सब सोय गँवाया॥
पिय तेरे चतुर तू मूरख नारी।
कबहुँ न पिय की सेज सँवारी॥
तै बौरी बौरापन किन्ही।
भय-जोबन पिय अपन न चिन्ही॥
जाग देख पिय सेज न तेरे।
तोहिं छाँडि उठि गये सवेरे॥
कहै कबीर सोई घुन जागै।
शब्द-बाण उर अंतर लागै॥

—कबीर

इन वर्षों में मैंने कई विचारकों और लेखकों को पढ़ा। सभी ने अलग-अलग नामों और तरीकों से लिखा यही था कि विचार ही हैं, जो हमारा जीवन बदल सकते हैं। जैसा हम सोचते हैं, वैसा ही हमारा जीवन बनता चला जाता है। और हमारा अवचेतन मन, सब-कॉन्शियस माइंड किस तरह जुटा रहता है हमारे विचारों को साकार करने में, और वह ऐसा करके ही दम लेता है।

इसमें सबसे रोचक था, यह जानना कि हमारा मन निर्मोही होता है।

जब भी हमारे मन में कोई विचार आता है, हम अपने आप से कुछ कहते हैं। कहते हैं, यानी कोई वाक्य बनाते हैं। अब, हमारा अवचेतन मन ऐसा है कि वह सिर्फ इस वाक्य की क्रिया को सुनता और समझता है। उसे

कोई सरोकार नहीं कि वह बात 'हाँ' में कही गई है, या 'न' में। जैसे किसी बात को लेकर आप सोचते हैं कि 'कहीं मैं भूल न जाऊँ।' तो अवचेतन मन सिर्फ 'भूलना' सुनता है। उसके लिए 'मैं भूल न जाऊँ' और 'मैं भूल जाऊँ' में कोई फर्क नहीं। उसका सारा ध्यान भूलने पर होता है और वह लग जाता है हर सम्भव कोशिश में कि आप भूलें ही।

और आप भूल जाते हैं।

फिर आप सोचते हैं, मुझे मालूम था, मैं भूलूँगा ही। देखा! वही हुआ न।

इस तरह जीवन में होने वाली हर बात का परिणाम क्या होगा, यह हम अपने अनुभवों से इकट्ठा कर लेते हैं। और हर बार हम सही भी होते हैं, क्योंकि हर बार हम वैसे ही सोचते हैं, जैसा सोचते आए हैं, हम अपने से वही कहते हैं, जैसा कहते आए हैं।

और हम निष्कर्ष यह निकालते हैं कि,—कुछ बदलने वाला नहीं है। मेरे साथ तो हमेशा ऐसा ही, यूँ ही होगा।

हम 'कहीं मैं भूल न जाऊँ।' को बदल कभी अपने आपसे कहते ही नहीं कि 'इसे मुझे याद रखना है।' ऐसा होगा तो अवचेतन 'याद रखने' को सम्भव करेगा। जिन्हें याद रह पाता है और जिन्हें याद नहीं रहता, उनमें यही फर्क होता है।

और यही बात तय करती है कि हमारा जीवन कैसा होगा, क्योंकि यह बात रोजमर्रा की इन बातों की तरह ही उन बातों पर भी जस-की-तस लागू होती है, जिनके लिए हम जिन्दगी भर लगे रहते हैं; फिर वह चाहे कैरियर हो, स्वास्थ्य हो या फिर अपनों से रिश्ते।

हम अपने विचारों को कैसे गढ़ते हैं,—

'कहीं मैं असफल न हो जाऊँ' या 'मुझे सफल होना है।'

'कहीं मैं बीमार न हो जाऊँ' या 'मुझे स्वस्थ रहना है।'

'सब मतलबी हैं' या 'इतने अपनों में ये ऐसा क्यूँ है?'

कई-कई जगहों पर अवचेतन मन ऐसे ही काम करता है, इसके वैज्ञानिक प्रमाण भी मिले और मेरा मन-मस्तिष्क सन्तुष्ट था कि विचार ही हैं, जो हमारे जीवन को बदल सकते हैं।

मैं इसे अपने जीवन में आजमाने लगा, साथ ही उनके जीवन को भी देखने लगा, जो सकारात्मक सोच के पुरजोर हिमायती थे। क्योंकि इससे आसान और

जल्दी की तरकीब क्या होगी कि आप अपने आपसे कहने लगें, 'मैं अमीर हो जाऊँ' और आप होने लगें।

आप कहने लगें, 'मैं स्वस्थ हो जाऊँ' और आप होने लगें।

और किसी को भी क्या चाहिए हो सकता है?

पर मैंने जो पाया, वह थोड़ा अलग था।

जैसे ही ऐसा कुछ होता जो मुझे नागवार गुजरता, मैं वैसे ही सोचने और व्यवहार करने लगता, जैसे आज तक करते आया था। सकारात्मकता की मेरी हवा निकल जाती। तूफान के गुजर जाने के बाद यह अहसास भी होता कि मैं ऐसा कैसे सोचने लगा था? यह मुझे क्या हो गया था? जबकि मुझे तो मालूम है कि मैं जैसा सोचूँगा वैसा ही तो होगा, पर यह तब की बातें होतीं, जब तूफान गुजर चुका होता; जो नुकसान होना था, हो चुका होता। फिर सोचता, मेरा मन ही शायद अभी उतना मजबूत नहीं, जितना होना चाहिए, और तय करता, चलो! जो हुआ, सो हुआ। अब ध्यान रखूँगा। ईश्वर न करे फिर ऐसी कोई बात हो, पर हुई तो सकारात्मक ही सोचूँगा।

अब मैं फिर अच्छा-अच्छा सोचने लगता।

थोड़े दिन गुजरते...फिर ऐसा होता।

फिर पुरानी तरह सोचता, व्यवहार करता, अपना ही नुकसान कर बैठता।

फिर थोड़े दिन होते...फिर ऐसा कुछ होता...फिर मैं वही करता।

ऐसा मेरे साथ ही था, ऐसा भी नहीं था। सकारात्मक सोच की जोरदार पैरवी करने वालों की जिन्दगी में भी रह-रहकर ऐसा होते देखता। हो सकता है, ऐसा होने के बीच की उनकी अवधि जरा लम्बी रही हो।

शायद तब हम सोचने लगते हैं कि, "ये बात तो ठीक है कि जैसे हमारे विचार होते हैं वैसा ही हमारा जीवन बनता चला जाता है। कर पाते होंगे कुछ लोग ऐसा भी, पर यह मुझसे नहीं होगा। अपनी जिन्दगी तो यूँ ही चलेगी।" इस तरह मेरे लिए भी यह 'बात' और कई अच्छी बातों की तरह बस एक अच्छी बात बनकर रह जाने वाली थी कि लगा, कुछ है कहीं, जो मैं चूक रहा हूँ या बात ही कुछ और है।

कुछ तो है!

तब लगा, पहले जेहन में प्रश्न खड़ा करते हैं।

क्योंकि प्रश्न करना हमारा काम है और उत्तर देना शिक्षक प्रकृति का।

निश्चित करते हैं कि आखिर हम ढूँढ़ क्या रहे हैं?

ऐसा सोचते ही, प्रश्न सतह पर आया, और वह यह था कि—

'हमारे विचार हर स्थिति में वैसे ही कैसे बने रहें जैसे हम चाहते हैं?'

बस, बनाए रखा जेहन में। करीब दो महीने गुजर गए होंगे कि आखिर एक दिन जब मैं प्रश्न के पास खड़ा हुआ था कि कभी सुना एक वाकया याद हो आया—

वीकेंड मनाने दो दोस्त अपने परिवार के साथ एक सुन्दर रिसॉर्ट पर पहुँचते हैं। उसी शाम दोनों परिवार एक जगह बैठ गपशप लगा रहे होते हैं कि कुछ ही देर बाद एक लड़का दूसरे को धीरे से इशारों में कुछ पूछता है। दूसरा चुपके से हामी भर कहता है, 'हम थोड़ा चक्कर लगा आएँ?'

एक तो इन लड़कों को चक्कर बड़े लगाने होते हैं!

बड़ा-सा रिसॉर्ट था, वे मस्ती से घूम रहे थे कि अचानक तेज दुर्गन्ध आई। इतनी तेज कि नाक-भौं अपने आप सिकुड़ने लगे थे। एक तो बिना एक पल गँवाएँ सरपट भागा, दूसरा भी भागने को ही था कि ठिठका। उसे यह गन्ध कुछ जानी-पहचानी-सी लगी। थोड़ा जोर डाला तो याद आया, अरे! ये तो घोड़ों के लीद की बू है।

तब तो घोड़े भी कहीं आस-पास ही होंगे।

वह इधर-उधर नजरें दौड़ाने लगा।

उल्टे हाथ को एक कच्चा रास्ता दिखा और अगले पाँच मिनटों बाद वह रिसॉर्ट के अस्तबल के सामने था। घोड़े शायद शाम की घुमाई के बाद लौटे ही थे, हेड कोच गेट पर ही खड़े थे।

एक बच्चे की कौतुक नजरें देख उनसे रहा नहीं गया। वे खुद ही पूछ बैठे, बेटा! घोड़े पर बैठोगे?

उधर वे सब सोचने लगे थे, क्या हुआ? अभी तक आया क्यों नहीं?

इसे तो पहुँचे इतनी देर हो गई, वह कहाँ रह गया?

वहाँ पहुँचते हैं, तो देखते हैं, पट्ठा मजे से घुड़सवारी कर रहा है।

वह बू एक-सी ही थी। एक सरपट भागा, हाँफता हुआ पहुँचा था और दूसरा उसी के सहारे वह कर पा रहा था, जो करना उसे सबसे ज्यादा पसनद था। यह दोनों ही स्थितियाँ उनके मन में उपजे विचारों का परिणाम थी; लेकिन एक ही स्थिति में उपजे यह अलग-अलग विचार किसके परिणाम थे?

उत्तर प्रकृति ने दे दिया था, —**सजगता** के।

जो भागा था, उसके मन में इसके अलावा कोई विचार पनप ही नहीं सकता था, क्योंकि वह इतना ही सजग था। वह चाहे दूसरे की तरह बनने की कोशिश भी करता तो भी बू के आते ही भागता ही। और इसलिए उसका हाँफना भी तय ही था। जो ठिठका, बू से घोड़ों का होना सोच पाया, उसे घुड़सवारी का आनन्द मिलना ही था। क्योंकि वह कहीं अधिक सजग था।

हमारे विचार हमारी सजगता का परिणाम होते हैं।

इतना भर समझ लेने से कि सकारात्मक विचार हमारा जीवन सुन्दर बना सकते हैं, और इसलिए ध्यान रख-रखकर अच्छा सोचने से बात नहीं बनने वाली। ऐसे में तो स्वाभाविक है, विपरीत परिस्थितियों के आते ही इन उधार के अच्छे विचारों का हमसे छिटक जाना।

जीवन को बेहतर बनाना है, तो हमें अपनी सजगता बढ़ानी होगी; और तब हमारे विचार स्वत: समृद्ध होते चले जाएँगे।

तो काम हमें अपने विचारों पर नहीं, अपनी सजगता पर करना होगा। विचार अपने आप बदलेंगे और जीवन को सुन्दर होना ही पड़ेगा।

अभ्यास-योग

फ्लेचर! लॉवेल! चार्ल्स-जूडी ली! इनको देखो। क्या वे कोई अलग, जन्मजात गुणी या ईश्वर के विशेष कृपा पात्र थे? नहीं, न तो तुमसे ज्यादा और न ही मुझसे ही। फर्क बस इतना था, और केवल इतना कि उन्होंने समझना शुरू किया कि वे क्या हैं और उन्होंने उसी का अभ्यास शुरू किया।

—**रिचर्ड बाख,** *जॉनाथन लिविंग्स्टन सीगल*

तो, काम तो सजगता पर ही करना होगा।

हमारे समझ लेने भर से कि सजग होना ही समाधान है, बात नहीं बनने वाली। यह तो जान लेना हुआ कि यात्रा पर निकलना है। मंजिल तो यात्रा के आखिरी छोर पर है और ये यात्रा है रियाज की, अभ्यास की। वह जो कह पाए कि 'मैं ईश्वर हूँ' या जिनमें हमने ईश्वर देखा, या वे गड़रिए जो जान पाए कि जिनमें चन्द्रगुप्त होना है, उनको भी साधना की अग्नि में तपना पड़ा, उन्हें भी वह सब निरन्तर नियमित अभ्यास से हासिल हुआ।

यहाँ तक कि जिस कबूतर में अपनी पहली उड़ान के पहले से 'उड़ना' होता है, उसे भी 'उड़ पाने' के लिए अभ्यास तो करना ही पड़ता है।

तो, क्या हों हमारे अभ्यास, जो हमें सजग करते चले जाएँ?

क्या करें कि हमारी दृष्टि विस्तार पाती चली जाए?

कि घोड़े की लीद की बू आते ही हमारे मन में आस-पास ही अस्तबल होने का विचार कौंधे।

मैं पाता हूँ, ये चार वे अभ्यास हो सकते हैं लेकिन इसका मतलब यह कतई नहीं कि इसके अलावा कुछ और हो नहीं सकते। ऐसा कुछ भी, जो

आपको जिन्दगी किसी नए कोण से दिखाए और वे आपके स्वभाव से भी मेल खाते हों, तो वे निश्चित ही आपके अभ्यास हैं।

जिन्दगी को पढ़ना

इस दुनिया में एक ही समय में एक साथ कई दुनियाएँ बसती हैं। आप भी कल जहाँ थे, वहाँ आज नहीं हैं, पर आज भी वहाँ कोई है, जहाँ आप थे। बिलकुल उस तरह से नहीं, निश्चित ही समय के बदलाव के गुणा-भाग के साथ लेकिन 'है'। होता यह है कि हम अपनी दुनिया को ही बड़ा कर पूरी दुनिया पर बिछा देते हैं और समझने लगते हैं, यही दुनिया है। मैं गाँव से शहर आता हूँ तो जैसे सारे ही गाँव शहर आ गए हों। अब तक ग्रामीण जीवन के ही सुख-दुख सारी दुनिया के सुख-दुख थे और अब शहरी जीवन ही हर आदमी का जीवन। तब भी मेरा ही एकमात्र दृष्टिकोण था और अब भी। मैं सोच ही नहीं पाता कि इससे अलग भी कुछ हो सकता है और इस तरह मैं अपनी दृष्टि को बहुत संकुचित कर लेता हूँ। संकुचित दृष्टि, संकुचित विचारों को जन्म देती है, जो हमें केवल कूप-मंडूक का ही जीवन दे पाते हैं।

इस कुँए से बाहर निकलना है, तो जीवन को पढ़ना होगा, जिससे दूसरों की दुनिया भी हमारी दुनिया में जगह पा सके। हम ऊपर उठते चले जाएँ, जैसे हवाई जहाज उड़ान भरता है और हमें जिन्दगी उससे नजर आ रहे शहर की तरह पूरी-की-पूरी नजर आने लगे। और यह पढ़ाई होगी, सैर से, लोगों से मिलने से, सार्थक थियेटर-सिनेमा जैसे झरोखों से, किताबों से; यानी हर उस तरीके से जो जिन्दगी के अलग-अलग रूपों को सामने लाता हो।

मुझे इन सब में किताबें ज्यादा माफिक लगती हैं। वजह, एक तो वे मेरी शुरुआत की साथी हैं और दूसरा उन्हें अपनाना आसान। किसी किताब को पढ़ना, आपकी रोजमर्रा की जिन्दगी में सबसे कम दखल देता है। फिर वे लिखीं भी तो उनकी होती हैं, जो जिन्दगी को दिखाते ही नहीं, उसकी हर बात में छिपे गूढ़ अर्थों को भी उकेरते जाते हैं। दूसरे और किसी भी तरीके में यह काम कमोबेश हमें ही करना होता है।

लेकिन फिर, तरीका आपका अपना होगा!

यह पढ़ना बिलकुल गणित पढ़ने जैसा होता है। व्यावहारिक जीवन में हमें कोई गणित के प्रश्न नहीं हल करने होते लेकिन उनका अभ्यास दिमाग को

ऐसी धार दे देता है कि व्यक्ति के लिए किसी प्रश्न से कैसे पेश आना और उसके हल तक पहुँचते जाना आसान हो जाता है। ठीक इसी तरह किताबों या और कहीं आपको अपनी परिस्थितियों का कोई सीधा जवाब नहीं मिलने वाला। वे नितान्त आपकी हैं और आपकी ही रहेंगी लेकिन अब वे आपके लिए 'डेड एंड' नहीं 'पजल' होंगी, जिनके बारे में आपके मन को भरोसा होगा कि ये हल तो हो ही सकती हैं।

जिन्दगी अब 'स्ट्रगल' नहीं 'एडवेंचर स्पोर्ट' होगी।

अपने साथ बैठना

हम सभी ने अपने जीवन में कई रेल यात्राएँ की हैं। स्वाभाविक रूप से तब हमारी इच्छा रहती है कि हमारी सीट मनमाफिक जगह हो, सहयात्री ऐसे हों कि वक्त मजेदार गुजरे, वगैरह-वगैरह।

लेकिन जहाँ जाना है उस गाड़ी में तो नहीं, बल्कि कहीं और जा रही रेल में यह सब मिल रहा हो, तो क्या हम उसकी जगह उसमें बैठ जाते हैं?

आप कहेंगे मैं कैसी बच्चों जैसी बात कर रहा हूँ! ठीक है, यह सब होना चाहिए लेकिन इसका मतलब यह थोड़े ही न है। जाएँगे तो वहीं न, जहाँ हमें जाना है?

सही कह रहे हैं आप लेकिन यह सवाल तब भी जरूरी है, क्योंकि अमूमन हम सब अपनी जिन्दगी के साथ तो यही कर रहे हैं!

क्या करके मैं आराम से रह पाऊँगा? किसमें मेरा मन अच्छा लगेगा? क्या है जिसे पाना आसान है? जैसी सारी बातों का तो हमें ख्याल रहता है लेकिन सबसे जरूरी बात कि असल में मुझे करना क्या है, कहीं बहुत पीछे छूट जाती है। वह जिसे करके हम अपने आपको सच्चे अर्थों में अभिव्यक्त कर पाएँगे। वही तो हमारा होना है, वहीं तो हमें पहुँचना है।

हालत तो यह कि शुरुआती वर्षों के बाद तो हम खुद ही भूलने लगते हैं कि मैं होना क्या चाहता था लेकिन ये जरूर सोचते रहते हैं कि मेरे पास सब कुछ तो है, फिर ये खालीपन क्यूँ? जिन्दगी का मजा क्यूँ नहीं आ रहा?

अरे! आपको मुम्बई जाना था और पहुँच दिल्ली रहे हो, चाहे जितने आराम से! तो भला, आप खुश कैसे होंगे?

और रेल में तो यह ध्यान फिर बैठते वक्त ही रखना होता है लेकिन जिन्दगी में यह सजगता लगातार बनाए रखनी होगी। क्योंकि हर क्षण हमारे सामने एक से अधिक विकल्प लेकर प्रस्तुत होगा। इस क्षण में हम कौन-सा विकल्प चुनते हैं, वही तय करेगा कि अगले क्षण में हमें उपलब्ध विकल्प क्या-क्या होंगें। हम जिस सीढ़ी पर खड़े हैं, वहाँ से किस ओर पैर उठाते हैं, उधर ही, वैसे ही रास्ता बनता चला जाएगा। और इसीलिए हर थोड़ी देर बाद रुकना होगा, अपने साथ बैठना होगा और अपने आपसे पूछना होगा कि मैं उधर ही चल रहा हूँ न जिधर तू चाहता था। यही तो सजग होना है। और तब हम कहीं, किसी वजह से थोड़ा-बहुत भटके भी हैं, तो उसे दुरुस्त कर आगे बढ़ पाएँगे।

जगह की अदला-बदली

यदि आप सुबह की सैर पर जाते हैं, तो आपने जरूर गौर किया होगा कि जिस दिन भी आप रास्ता बदलते हैं, नजारे कुछ और ही नजर आते हैं। लगता है, अरे! ये ऐसा है। अरे! यहाँ यह भी है। इस पर तो कभी मेरा ध्यान गया ही नहीं। बात कुछ और ही नजर आती है। असल में, हम एक ही तरफ के रास्ते के इतने अभ्यस्त हो जाते हैं कि नजरें चीजों को फाँदने लगती है और जो सामने होता है वह भी हमें नजर नहीं आता। दूसरा, दिशा बदलने से हमारी नजरों में चीजों का आकार-प्रकार बदल जाता है और वही चीजें हमें बिलकुल नई और इसलिए सुन्दर दीखने लगती हैं।

और ऐसा ही होता है जिन्दगी में भी।

हमें अपनी ओर से जो और जैसा नजर आता है, हम उसे ही एकमात्र वास्तविकता मान लेते हैं। ऐसे में हमारी कोई परिस्थिति कभी बदलती ही नहीं। हमें जरूरत होती है उसे दूसरी तरफ से भी देख पाने की। इसके लिए बस, जगह की अदला-बदली करनी होती है। कुछ देर के लिए सामने वाले की जगह खड़े हो या उस स्थिति से अपने आपको अलग कर उसे किसी और के साथ हो रहा देखना होता है। ऐसा करते ही पूरा दृश्य हमारे सामने स्पष्ट हो जाता है और आप सही निर्णय पर पहुँच चुके होते हैं। जब-जब भी हम ऐसा करते हैं, हम हमेशा के लिए अपनी सजगता के स्तर को थोड़ा

और बढ़ा लेते हैं, क्योंकि परिस्थितियाँ अस्थायी होती हैं पर विस्तार पा चुका आपका नजरिया आपकी स्थायी सम्पत्ति बन चुका होता है।

अपनी धारणाओं को चुनौती देना

एक कम्प्यूटर के सॉफ्टवेयर 'अपडेटेड' नहीं हों, तो उस पर आपको काम करना कैसा लगेगा? ठीक उस कम्प्यूटर की ही तरह हमारी जिन्दगी घिसट-घिसटकर चल रही होती है, जब हम अपने 'बिलीफ-सिस्टम' को, अपनी धारणाओं को अपडेट नहीं करते।

वे जरूरी थीं, क्योंकि हमारे लिए यह जीवन और इस जीवन की हर बात नई थी। इस नई जगह पर रह पाने के लिए हमें कई बातें सिखाई गईं, कई हमने अपने चारों ओर होता देख सीखीं। यह उँगली पकड़ना था चलना सीखने के लिए लेकिन उँगली को छोड़ना भी पूरी तरह चल पाना सीखने का हिस्सा ही होता है, इसका या तो हमें ख्याल ही नहीं रहा या हमने नहीं रखा, क्योंकि उँगली को छोड़ने के उस क्षण में गिर पड़ने की गुंजाईश होती है। यही वजह रही कि हमने अपने जेहन में उन्हीं सुनी-सीखी-समझी बातों से अपनी जिन्दगी का पूरा संविधान गढ़ लिया। बात चाहे कितनी ही छोटी, रोजमर्रा की हो या जिन्दगी के कितने ही बड़े मसले, हमें क्या करना चाहिए और क्या नहीं, क्या गलत है और क्या सही, इसके जवाब हमारे जेहन में तैयार रहने लगे।

इनमें से कितनी ही बातें तो हमारे लिए थीं ही नहीं। हमारा अपना होना है और जिनसे हमने उन्हें लिया था, उनका अपना होना। तब हम न तो यह जानते थे और न ही हमारी निजी सोच-समझ ने आकर लिया था कि मेरे लिए क्या उचित है क्या नहीं, के बीच भेद कर पाएँ। लेकिन एक क्षण आता है जब उँगली छोड़ देनी चाहिए और एक समय आता है जब व्यक्ति को अपने पैमाने बनाने होते हैं और इसकी शुरुआत करनी होती है, अपनी धारणाओं को चुनौती देकर।

दो कदम अपने से चलने जितनी शुरुआत भी काफी होगी। क्या और कब खाना-पहनना सही है जितनी छोटी, जो आपने अपनी शुरुआत में सीखा था। फिर धीरे-धीरे इन बातों का दायरा बढ़ाते जाएँ। उनमें से कुछ बातें आप अपने लिए सही भी पाएँगे, तो कुछ नए प्रयोग आपको अपने लिए ज्यादा ठीक

लगेंगे, नया रोमांच देंगे। आपका अपने पर भरोसा बनने लगेगा। धीरे-धीरे हमें यही जिन्दगी के अहम् मसलों पर भी करना होगा। और तब से हमारी जिन्दगी हमारी अपनी होती चली जाएगी।

बुद्ध कहते हैं,

विश्वास मत कीजिए, महज इसलिए—

- कि ऐसा आपने सुना है
- कि ऐसी परम्पराएँ पीढ़ीयों से चली आ रही हैं
- कि ऐसा सब कहते हैं
- कि ऐसा सनत-महात्माओं ने लिखा है
- कि ऐसा नहीं तो और क्या हुआ होगा
- कि ऐसा किसी गुरु या बड़े-बुजुर्ग ने कहा है

लेकिन सावधानीपूर्वक देखने और जाँचने के बाद,

जब इन पर विश्वास करने के उचित कारण हों,

और

ऐसा करने में आपका और सबका भला हो

तो, इन्हें मानें और जियें।

तो, तय रहा

- जिन्दगी को पढ़ना, दुनिया को उसकी सम्पूर्णता के साथ देख पाने के लिए।
- कुछ देर अपने साथ बैठना, यह जाँचने के लिए कि मैं उधर ही जा रहा हूँ न, जिधर मुझे जाना है।
- जगह की अदला-बदली, कि वही बातें दूसरों की जगह खड़े हो या दो कदम पीछे होने पर कैसी दिखती है।
- अपनी धारणाओं को चुनौती देना, जिन्दगी के अपने पैमाने तय करने के लिए।

इस तरह कदम-दर-कदम हम सजग होते चले जाएँगे और हमारा जीवन बेहतर।

विश्वास

यदि आप उसका होना सोच सकते हैं, तो आप उसे रच भी सकते हैं।

—डॉ. वेन डब्ल्यू. डायर

नए की अपनी झिझक होती है। क्या मैं कर पाऊँगा? क्या ऐसा हो पाएगा?

सजगता के रास्ते पर जिन्दगी हर क्षण हमारे सामने बेहतर विकल्प लेकर प्रस्तुत होगी। बेहतर विकल्प, यानी कुछ नया, कुछ बढ़कर, और ऐसे में मन के ये प्रश्न स्वाभाविक ही हैं!

चलने से पहले टटोल लेना कि मैं चल भी पाऊँगा और रास्ता भी ठीक तो है; इसमें गलत क्या है?

ये वे क्षण होते हैं, जब हम करें या न करें की स्थिति में होते हैं। एक उलझन होती है, और इसी उलझन की ताक में रहता है हमारा मन। वह हमें वे सारी बातें याद दिलाने लगता है जब हमने ऐसा ही कुछ नया सोचा था, और हम नहीं कर पाए थे। आज तक जैसा होता आया था, वैसे ही की तो उम्मीद की थी हमने तब लेकिन एक के बाद एक स्थितियाँ उलटी पड़ती ही चली गई थीं। यहाँ तक कि जिन लोगों ने इनसे भी विकट-विकट स्थितियों में हमारा साथ दिया था, वे तक तब गायब थे।

और हमारा विवेक हथियार डालने लगता है।

वास्तव में, बेचारा मन तो अपनी तरफ से हमारी रक्षा कर रहा होता है, हमारे विवेक को हराना उसका कतई मकसद नहीं होता। वह तो कुछ नया करने में, नहीं हो पाने की गुंजाईश को मिटा रहा होता है। वह तो बस इतना चाहता है कि, जैसे चलता आ रहा है, वैसे ही चलता रहे, देखा-भाला, तो

जिन्दगी हमारे नियन्त्रण में रहे। कुछ नया, आगे बढ़कर करे ही न जिससे यह कभी न हो कि फलाँ काम हमसे नहीं हुआ। हम कभी न हारें। दूसरे शब्दों में, हम दम्भ भर पाएँ कि ऐसा कोई काम नहीं, जो मुझसे नहीं हुआ, और इस तरह हमारे अहं की सत्ता बरकरार रह सके।

बस, इन्हीं क्षणों में हमें विश्वास रखना होता है कि "यदि हम उसका होना सोच सकते हैं तो उसे रच भी सकते हैं।" विश्वास अपने आप पर कि मैं ऐसा कर पाऊँगा, विश्वास प्रकृति पर कि ऐसा हो पाएगा; और यह विश्वास कोई दिलासा नहीं, तथ्य है—वैज्ञानिक, प्रामाणिक।

बीज के अंकुरित होने मात्र में दो बातें तय होती हैं। पहली, उसमें पौधा हो पाने की सारी योग्यताएँ हैं। वो माने, न माने। उसे मालूम हो, न हो। ये कोई उसकी इच्छा का सौदा नहीं, उसका होना है। दूसरी, जिस जमीन पर वह अंकुरित हुआ है, उस जमीन में वह सब कुछ है जिसकी उसे पौधा हो पाने के दौरान जरूरत पड़ने वाली है। यदि कोई खनिज उस मिट्टी में नहीं, तो वह खनिज उसे चाहिए भी नहीं। जो ज्यादा है, तो उसे भी उसकी जरूरत ज्यादा है। मिट्टी की विशेषताएँ ही उसकी जरूरतें हैं, तभी तो वह उसमें अंकुरित हुआ है, हो पाया है। और यह तो कहने की बात ही नहीं कि उसकी जमीन हर क्षण तत्पर है, उसे वह सब देते रहने के लिए, जो उसके पास है और जिसकी उसे जरूरत है।

तो ठीक इसी तरह हम जिसका होना सोच पाए हैं, हम उसे रच भी पाएँगे। उसे रच पाने की हमारी काबिलियत ने ही उसे जन्म दिया है। यदि हम नहीं कर पा रहे होते, तो हम उसकी रूप-रेखा भी नहीं सोच पाते। और ऐसा करते समय हमारे चेतन-अवचेतन मन ने आने वाली सारी स्थितियों को तौला-आँका है और, समर्थ पाया है हमें उन परिस्थितियों के बीच अपना सोचा कर पाने के।

इसीलिए तो हम सब अलग-अलग सोच पाते हैं।

हम सब सजगता के अलग-अलग स्तर पर हैं, इसीलिए सबकी परिस्थितियाँ भी अलग-अलग और इसीलिए ही, क्या हो सकता है, यह सोचना भी सबका अलग-अलग। जिसका जैसा सोच पाना, उसका वैसा कर पाना, यही खूबसूरती भी है।

पर यदि ऐसा है, तो मन की उन बातों का जवाब क्या, जिनकी वह हमें याद दिला रहा था, जब ऐसा ही कुछ नया सोचा था और हम नहीं कर पाए

थे? एक के बाद एक स्थितियाँ उलटी पड़ती चली गई थीं और सारे अपने, जिनसे उम्मीदें थीं, नदारद थे।

गौर करेंगे तो आप पाएँगे कि वह बीज, जो आपने रोपा था, वह उस मिट्टी का था ही नहीं। अपने अतिरिक्त प्रयासों से, खाद-पानी देकर उसे अंकुरित करवा भी लिया तो क्या, उसमें तब भी ज्यादा सम्भावनाएँ पौधा हो जाने से पहले मुरझा जाने की ही थी! वह विचार आपकी बढ़ी सजगता की देन नहीं था बल्कि आपकी बुद्धि ने किसी और के जीवन से प्रभावित हो उसे ले लिया था। यह सोचकर कि कितना अच्छा हो, जैसा उसने किया वैसा मैं भी कर पाऊँ और जितना सुन्दर जीवन उसका है, उतना ही मेरा भी हो जाए। पर ऐसा हो ही कैसे सकता था? जो किसी और को उपजा है वह उसका है और जो आपको उपजा है, वह आपका।

आप कहेंगे लेकिन ऐसा तो हुआ है कि हमें कितनी ही बड़ी-बड़ी उलझनों के जवाब यूँ ही, कहीं भी चलते-चलते मिले हैं और उन्होंने काम भी किया है। इसके अलावा भी जिन्दगी में जब कुछ नहीं सूझता, तो क्या करते हैं हम? किसी अपने की सलाह ही तो लेते हैं। उन सलाहों ने कई बार हमारे जीवन को आसान बनाया है, इसे कैसे झुठलाया जा सकता है!

तो, वह तो किसी और का उपजा था, उसे भी तो बाहर से लिया था, फिर उसने कैसे हमारी जिन्दगी में काम किया?

ये कैसी उलटबाँसी है?

इस बाँसुरी को सीधा करने के लिए हमें एक भेद समझना होगा विचार और तरीकों के बीच का, और वो भेद है। अमूमन वे तरीके थे, जो हमने बाहर से लिए थे। वे तरीके थे जो हमने सीखे थे। तरीके व्यावहारिक होते हैं, और व्यावहारिक होते है इसलिए उन्हें अपनाने से पहले कई बार हमें उनमें दुनियादारी का गुणा-भाग देना पड़ता है। घोड़ों के लीद की बू से आपके मन में इस विचार का उठना कि जरूर यहाँ आस-पास ही कहीं घोड़े हैं, आपकी अपनी सजगता का परिणाम है। अब, उन्हें ढूँढ़ने की शुरुआत कहाँ से करनी है, नजरें दौड़ाकर, किसी आते-जाते से पूछकर या उनके पैरों के निशानों को ढूँढ़कर यह ऐसे ही किसी और तरीके से, यह जरूरत के हिसाब से हम तय करते हैं।

यानी जरूरत पड़े तो हम तरीकों को ढूँढ़ने में बाहर की मदद लें; इसमें

कोई हर्ज भी नहीं लेकिन रच आप उसी विचार को पाएँगे जो आपकी सजगता का परिणाम होगा।

तो, जब कभी हम अपना सोचा साकार नहीं कर पा रहे होते हैं, तो यह असफलता हमारे विचार की नहीं उस तरीके की होती है, जो हमने आजमाई है। उस विधि की जो हमने अपनाई है। ऐसे में जरूरत है तो उस तरीके में सुधार या बदलाव की, न कि अपनी काबिलियत और अपने विचार पर सनदेह की।

लेकिन अमूमन हम ऐसा नहीं करते।

क्योंकि हमने यही सीख लिया था कि अगर कुछ नहीं हो रहा, तो कमी हमारे मेहनत और लगन में ही रही है। कुछ भी नहीं होने का और कोई कारण होता ही नहीं।

बिल्कुल, ऐसा हो सकता है कि हमारी मेहनत और लगन में कमी रही हो। सबसे पहले उसे ही टटोलना चाहिए। जरा भी लगे तो अपने प्रयासों को दुरुस्त भी करना चाहिए लेकिन एक जगह आकर, रुककर, यह भी समझना चाहिए कि जब मेहनत में कोई कमी नहीं रह रही, तो शायद मैं ही गलत तरीकों से सही काम को करने की कोशिश कर रहा हूँ।

जो हो नहीं रहा, वह बार-बार वैसे ही करते चले जाने से होगा भी नहीं।

होगा वह जरूर, पर शायद इस बार अलग तरीकों से।

और इसी विश्वास को शुरू से अन्त तक, सोचने से होने तक बनाए रखना होगा कि जिसका होना मैं सोच सकता हूँ, उसे निश्चित ही मैं रच भी सकता हूँ।

लगाम और चाबुक

यदि मैं ही मेरे लिए नहीं, तो कौन होगा मेरे लिए?
यदि मैं बस मेरे लिए, तो किस काम का मैं?
यदि अभी नहीं, तो कब?

—**एथिक्स ऑफ द फादर्स,** पवित्र यहूदी पुस्तक

और यही उलझन जिन्दगी भर बनी रहती है। यदि मैं ही मेरा नहीं सोचूँगा तो कौन सोचेगा मेरे लिए? मैं जानता हूँ न कि क्या चाहिए मुझे अपनी जिन्दगी से और उसके लिए मुझे क्या करना होगा। आखिर यह मेरी जिन्दगी है! मेरी खुशियों को पहचानता हूँ मैं, कब तक...!

पर अगले ही क्षण लगता है, मैं इतना स्वार्थी कैसे हो सकता हूँ? मेरे परिजन, मेरे मित्र; ये मुझसे जो चाहते हैं, उसे कैसे अनदेखा कर दूँ? आखिर वे मेरे अपने हैं, प्रेम करता हूँ मैं उनसे! कितनी-कितनी बार उन्होंने वह किया है जो मैंने चाहा है और आज मेरी बारी आई है तो...!

नहीं, मैं ऐसा हर्गिज नहीं कर सकता।

और मैं समर्पण कर देता हूँ, वह करने लगता हूँ जैसा वे मुझसे चाहते हैं, उम्मीद करते हैं।

यही तो करना चाहिए था मुझे!

सोचता हूँ, थोड़ी देर की ही तो बात है, फिर रहने लगूँगा अपनी तरह से। कौन सी जिन्दगी भागे जा रही है!

कुल मिलाकर जब बात मेरी और मेरे अपनों के बीच की आती है, तब मैं उन्हें 'न' नहीं कर पाता। और कभी करने भी लगूँ, तो वे सारे वाकये याद आने लगते हैं जब मैंने ऐसा कुछ किया था, जिसका दुख आज भी मुझे सालता है।

पर देखता हूँ, जैसे ही वह बात खत्म होने को होती है फिर कोई अपना, थोड़ा उधर चलने को कह देता है। मैं फिर सोच लेता हूँ कि इतनी-सी ही तो बात है। इस तरह मैं आगे से आगे चलते चला जाता हूँ, कभी लौट ही नहीं पाता।

अपनी तरह से जीने का वह दिन जिन्दगी में कभी आता ही नहीं!

और अब जब देख रहा हूँ, तो यह भी दीखने लगा है कि ऐसा मेरे साथ ही नहीं हो रहा। अनजाने ही सही मैं भी उनके साथ यही कर रहा हूँ। मैं भी चाहने लगा हूँ कि वे भी मेरी किसी बात को 'न' न कहें। वाजिब भी है उनसे मेरी उम्मीदों का यूँ बँध जाना, आखिर मैं भी न चाहते हुए कितना कुछ कर रहा हूँ उनके लिए।

ये 'न' ही है वह लगाम जो हर दोराहे पर हमें मोड़ रही होती है।

जिन्दगी के रास्तों पर हमारी दिशा तय कर रही होती है।

अब लगाम है तो चाबुक भी होगी ही, और उसका नाम है, 'चाहिए।'

हमारा अपना जीवन सुचारू चलता रहे, हमारी दैनिक-दिनचर्या में हिचकोले न आए, कुछ भी अप्रत्याशित न घटे, इसलिए हमने अपने चारों ओर जो भी हैं उनकी एक भूमिका तय कर रखी है। एक माँ, एक पुत्र, एक पुत्री की तरह घर का कोई सदस्य हो या बाहर एक डॉक्टर, शिक्षक या व्यापारी की तरह कोई; ये सब कैसे रहेंगे, कैसे पेश आएँगे कि मानो हमने एक नियमावली बना रखी है और उसे नाम दिया है 'कर्तव्य' का। लेकिन हम यह भूल जाते हैं कि इस तरह अनजाने में ही हमने अपने लिए भी ये तथाकथित कर्तव्य चुन लिए हैं। आप छोटी-से-छोटी किसी बात पर गौर करेंगे तो पाएँगे कि ये सोचने से पहले आप चाहते क्या हैं, आपको क्या करना चाहिए, आपके सामने आ खड़ा होता है। मुश्किल यही है कि हमने भी इन्हें ही अपना कर्तव्य समझ ही नहीं लिया, मान भी लिया है।

निश्चित रूप से हम सब की एक जीवन-भूमिका होती है और इसलिए हमारे कुछ कर्तव्य भी होते हैं लेकिन ये कोई और तय नहीं करता, ये हमारे अन्दर से आते हैं। ये नैसर्गिक होते हैं; भावों के रूप में जन्म लेते हैं और कर्म बनकर फलित होते हैं; जैसे पिता होना हमें जिम्मेदारी के भाव से भर दे या हमारा सेवा भाव हमें डॉक्टर बनने को प्रेरित करे। इस तरह कर्तव्य हमारे भावों से निकलते हैं, न कि कोई और इन्हें हमें देता है। वे जो हमारे बच्चे या किसी डॉक्टर के लिए उनके मरीज तय करने लगते हैं वे तो उनकी अपेक्षाएँ हैं

जिन्हें आसानी से मनवाने के लिए वे इन्हें कर्तव्यों का नाम दे देते हैं, इसीलिए मैंने इन्हें 'तथाकथित कर्तव्य' कहा।

और यह तथाकथित कर्तव्य ही वह 'चाहिए' की चाबुक है, जो हमें यह सोचने से पहले कि हम क्या चाहते हैं, यह सोचने पर मजबूर करने लगती है कि हमें क्या करना चाहिए।

'न' की लगाम और 'चाहिए' की चाबुक; अब हम कोई ताँगे में जुते घोड़े तो हैं नहीं, जिसकी दिशा कोई कोचवान तय करेगा!

यानी सजगता की राह पर हर क्षण उपलब्ध हो रहे विकल्पों में से बेहतर को चुनते चले जाना है, जो हम साकार कर सकते हैं उसे हकीकत में बदलना है तो हमें 'न' और 'चाहिए' के इस भार से मुक्त होना ही होगा।

इस तरह जब मैं इस निष्कर्ष पर पहुँचने ही वाला हूँ तो मन फिर प्रश्न करने लगा है कि, 'यदि मैं बस मेरे लिए, तो किस काम का मैं?' और मुझे स्वर्ग और नर्क वाली वह कहानी याद आने लगती है। एक भला आदमी मृत्यु के बाद यमराज के पास पहुँचता है। वह इतना भला था कि उससे उसकी इच्छा पूछी गई कि वह स्वर्ग जाना चाहता है या नर्क। उसने कहा, पहले मुझे दिखा तो दो, ये होते कैसे हैं? फिर ही तो मैं तय कर पाऊँगा? यमराज को अन्दाजा तो था कि वह ऐसा ही कुछ कहेगा क्योंकि वे जानते थे उसकी भलाई, उसकी नासमझी की देन नहीं बल्कि बुद्धि का परिणाम है। पहले वे उसे नर्क की तरफ ले गए। उसने देखा वहाँ सब कमजोर, जीर्ण-शीर्ण हालत में थे। लगता था, जैसे न जाने कितने दिनों से उन्हें खाना नसीब न हुआ हो लेकिन खाना तो उनके सामने रखा था! फिर ध्यान गया पास में रखे चम्मचों पर जिनसे उन्हें वह स्वादिष्ट सूप पीना था। वे उनके हाथ से भी लम्बे थे। सूप भरकर हाथ मोड़ते तो वह उनके मुँह तक पहुँचता ही नहीं। खाना सामने था पर वे भूख से मरे जा रहे थे।

फिर उसे स्वर्ग की तरफ ले जाया गया। दूर से ही खिलखिलाहटों की आवाजें आ रही थीं। वहाँ पहुँचा तो जैसी उम्मीद थी, सब बहुत खुश थे, स्वस्थ थे। पर जगह तो वैसी ही थी। अरे! खाना और चम्मच भी वैसे ही! थोड़ी देर रुका, खाने का समय हुआ तो देखा, प्याले के आमने-सामने आकर दो लोग बैठ जाते। चम्मच भरते और बड़े आराम से एक-दूसरे को खिलाते, क्योंकि ऐसा करने में तो हाथ मोड़ने की जरूरत ही नहीं थी।

बस, इतना ही तो फर्क है जिन्दगी के स्वर्ग और नर्क हो जाने में।

ऐसे में भी मैं मेरा ही सोचता रहूँ?

फिर लगा, इतनी बात है तो इसका जवाब भी जरूर इसी कहानी में छुपा होगा।

और वह बात ये थी कि वे एक-दूसरे को खिलाते हैं, पर चबाते तो खुद ही हैं।

चबाना आदमी को खुद ही पड़ता है।

कोई आपको खिला सकता है, आपकी जगह चबा नहीं सकता।

शायद यही वह सुलझन थी!

मैं इसे जीवन की कसौटी पर कसने लगा और तब मैंने पाया कि एक बारीक लाइन है कहीं बीच में जिसके इस पार हम अपनों के लिए, समाज के लिए जिएँ और उस पार हम अपनी सुनें, अपने लिए जिएँ। और वह बारीक लाइन मिली मुझे 'मदद करने' और 'जगह लेने' के बीच में।

हम किसी की मदद कर सकते हैं, किसी की जगह नहीं ले सकते।

कोई जिन्दगी के रास्तों पर हमारे साथ चल रहा है और कहीं बीच में थकता है, उसे प्यास लगती है, या चोट ही लग जाती है तो हमें रुककर उसकी मदद करनी ही चाहिए। उसे पेड़ की छाँव तक ले जा, लेटने में उसकी मदद कर दें, अपने पास से थोड़ा पानी पिला दें, उसे सहारा दें, पट्टी बाँध दें। यदि एक मिनट भी उसकी तकलीफों को अनदेखी करने का ख्याल भी आए, तो सोचें कि कल को ऐसा ही कुछ मेरे साथ हुआ तो? फिर उसे कुछ देर आराम करने दें और तब आप अपना आगे का सफर जारी रखें।

लेकिन समस्या यह है कि जो हमारे अपने हैं, जिनसे हम प्रेम करते हैं, उन्हें हम उनका जीवन जीने ही नहीं देते। उनके जीवन से उनके पाठ चुराने लगते हैं। हम सब यहाँ अपने आपको और परिष्कृत करने आते हैं, अपने आपको और माँजने आते हैं। पिछली बार जहाँ सफर छोड़ा था, उससे आगे बढ़ने आते हैं। और तब तक आते हैं जब तक हम हमारा शुद्धतम रूप वापस न पा लें। हमारी ऊर्जा अपनी मूल ऊर्जा में विलय हो जाने के लायक न बन जाए। यानी हम सब में अपनी-अपनी कमियाँ हैं, जिनसे हमें पार पाना है। मुश्किलें उन कमियों से उबरने के अध्याय ही तो होती हैं। पर जो हमसे प्रेम करते हैं या जिनसे हम प्रेम करते हैं, वे आगे बढ़ उन मुश्किलों को हमारी जिन्दगियों में आने ही नहीं देते। बजाय इसके कि वे हमें इनसे निपटने के रास्ते सुझाएँ,

वे आगे बढ़ उन्हें अपने सिर ले लेते हैं। इस तरह हमारी मुश्किलें मिटतीं तो नहीं; हाँ, स्थगित जरूर हो जाती हैं। लेकिन जब वे लौटकर आती हैं तब उनकी तीव्रता पहले से कहीं अधिक होती है। और तब हमारी जिन्दगी और कठिन हो जाती है। कई-कई बार तो इतनी कि हमसे सम्भाले नहीं सम्भलती। हम अपना हिम्मत और धैर्य चूकने लगते हैं।

प्रेम-प्रेम में इस तरह एक-दूसरे की जिन्दगी जीकर न हम वहाँ पहुँच पाते हैं जहाँ हमें पहुँचना था न उसे ही पहुँचने देते हैं जिसके लिए हमारी सारी दुआएँ होती हैं।

इतनी जरूरी है हमारी 'न।'

इसलिए हमारे अपने मदद से आगे बढ़ जब अपनी जगह लेने का कहने लगें तो उन्हें 'न' कहना उनकी मदद करना होगा और ऐसी ही किसी स्थिति में किसी अपने से 'न' सुनना अपनी मदद करना।

इनसे दीगर कुछ बातें वे भी होती हैं, जो एक-दूसरे के सहयोग के दायरे में नहीं आती। वे आपका होना होती है। आपका कोई अपना आपको कुछ कहता है, तो इसलिए कि उसे उस समय वही करना ठीक लगता है, ये उसका होना है। उसका कहना कतई गलत नहीं, आप भी उसकी बात को एक विकल्प की तरह लें लेकिन अन्ततः वह चुनें जो आपको आपके लिए उस समय सर्वोत्तम लगता हो।

और ऐसा कर पाने के लिए बस इतना भर समझ लेना काफी है कि जब आप किसी एक को न कह रहे होते हैं, ठीक उसी समय किसी और को 'हाँ' भी कह रहे होते हैं; जैसे जब मैं अपने दोस्तों को उनके साथ बाहर जाने को मना कर रहा होता हूँ तब मैं अपने घर पर, अपने साथ कुछ वक्त गुजारने को 'हाँ' भी तो कह रहा होता हूँ। आपकी यह 'न' निर्दोष है। यह किसी के विरुद्ध नहीं आई है। आप न तो किसी का दिल ही दुखाना चाहते हो, न ही अपना कोई स्वार्थ गाँठना। आप तो बस अपने अन्दर से आ रही आवाज को सुनना चाहते हो, क्योंकि इस बार आपको लगता है, यह आवाज बाहर की आवाज से कहीं स्पष्ट और सुकून देने वाली है।

हमारी निर्दोष 'न' सचमुच हमारे अन्तर्मन की निष्ठा को 'हाँ' होती है।

अब जब मामला हमारे सामने काँच की तरह साफ है, तब फिर इसे अगले एक क्षण के लिए भी टालना मुनासिब नहीं होगा। और यह धीरे-धीरे

नहीं बल्कि एक ही झटके में होगा, बिलकुल वैसे ही जैसे अनजाने ही हमने आग को छू लिया हो या ध्यान आते ही बेवजह ढो रहे सामान को उतार नीचे रख दिया हो।

तो, सही दिशा और मुक्त सफर के लिए हमें 'न' और 'चाहिए' के इस बोझ से मुक्ति पानी ही होगी और तब हम सब अपने-अपने सही समय पर अपनी-अपनी मंजिलों पर बिना थके पहुँच रहे होंगे।

ताश का खेल

इति ते ज्ञानमाख्यातं गुह्यादगुह्यतरं मया।
विमृश्यैतदशेषेण यथेच्छसि तथा कुरु॥

—भगवद्गीता (अध्याय 18, श्लोक 63)

मैं अब तक आपसे कीं सारी बातों को जान रहा था तब भी मन कभी यह बात मानने को तैयार नहीं हुआ कि भाग्य कुछ होता ही नहीं। यह केवल मनुष्य के अपने ऊपर विश्वास न होने का या उसके आलस्य का नाम भर है। हमेशा ही लगता था कि कुछ है जो मानवीय प्रयासों से ऊपर है, हौसलों से परे। कुछ और है, अब हम इसे भाग्य कह लें या कुछ और, यह हम पर है। वरना क्यों कोई बच्चा उन स्थितियों में जन्म लेता है, जहाँ उसे भूखा सोना पड़ता है? और क्यों हमारे जीवन में भी कुछ परिस्थितियाँ ऐसी होती हैं जिन्हें बदल पाना शायद किसी के लिए भी सम्भव न हो? वे भला किसी का भी चुनाव क्यों होंगी?

हम जिन परिस्थितियों में जन्म लेते हैं, वे हमारी जिन्दगी को प्रभावित तो करती हैं! हम उस प्रभाव को कम कर सकते हैं, वक्त के साथ उन्हें मिटाने में भी कामयाब हो जाएँ लेकिन उन्हें नकार नहीं सकते। मुझे मालूम है, आप में से कई लोगों के मन में कौन-सा शब्द घुमड़ रहा है,—प्रारब्ध। पुनर्जन्म में यकीन करने वाले इसे पिछले जन्मों का फल कहेंगे, यही मतलब है प्रारब्ध का, तो पिछली जिन्दगियों में झाँकने वाले मनोवैज्ञानिक इसे भी हमारा चुनाव ही कहेंगे। वह जिन्दगी जो हमने इस बार अपने अनुभवों के लिए चुनी है, ठीक वैसे ही जैसे अवकाशों में हम अपने भ्रमण का स्थान पसनद करते हैं।

दोनों के गहरे उतरें तो बात कुछ एक-सी ही नजर आती है, जिसमें मेरा भी कुछ-कुछ विश्वास है।

लेकिन बात यहाँ आपके और मेरे विश्वासों की नहीं है, बात है जिन्दगी और उसमें भाग्य के स्थान की। हम जिस जीवन को जानते हैं, वह तो यही है जिसे हम अभी जी रहे हैं। और इसमें वे बातें भी हैं, जो हमारे जीवन की दिशा तय करने में महत्त्वपूर्ण भूमिका अदा करती हैं लेकिन जिस पर हमारा कोई वश नहीं। वे चाहे प्रारब्ध हैं, चाहे जन्म से पूर्व हमारा चुनाव, चाहे खालिस किस्मत; पर वे हैं और यही महत्त्वपूर्ण है, क्योंकि जो है उसे नकारने से तो पार नहीं पड़ने वाला।

लेकिन जब हम इस 'है' को स्वीकारने निकले तो लगा जैसे यही है। जैसे पहले से सब कुछ तय है। हम भ्रम में ही जीते हैं, असल में हम एक पटकथा का किरदार भर होते हैं। हमें एक तयशुदा मंजिल पर पहुँचना होता है। चूँकि हमारी मंजिल तय होती है, इसलिए रास्ते भी निश्चित होते हैं जिन पर हम संयोगों से अपने आप ही पहुँच जाते हैं।

क्या सचमुच ऐसा है? और यदि सचमुच ऐसा है तो अब तक की हमारी सारी बातें फिजूल हैं। यह सब भी तो फिर एक मुगालता ही है।

तब तो यहाँ ठिठकना होगा! यदि ऐसा है तो बात को यहीं विराम देना होगा। मेरा आगे लिखना और आपका पढ़ना निरर्थक होगा।

लेकिन कभी मन यह मानने को भी तैयार नहीं हुआ था कि भाग्य ही होता है। बचपन से जितने महापुरुषों के बारे में भी मैं जान सका उन्होंने तो अपने आपको गढ़ा था। उनके कुछ विश्वास और उन विश्वासों पर टिके रहने की उनकी अदम्य इच्छाशक्ति ही तो थी जो उन्हें महापुरुष बना गई। यह लोग बढ़ते गए थे, अपने आपको बढ़ाते गए थे; जिस बात को हमने सजग होना और सजगता की राह पर उपलब्ध होते जा रहे बेहतर विकल्पों में से उस विकल्प को चुनते चले जाने को कहा, जो हमारी सोच को साकार करने में मददगार हो।

इस समय आपसे बात करते हुए अभिमन्यु, चाणक्य से लगा अब्राहम लिंकन, गाँधी और सुभाष; अब्दुल कलाम और लुइस एल. हे, ओपरा विनफ्रे जैसे न जाने कितने नाम मेरे दिमाग में घूम रहे हैं।

क्या ये जो हो पाए, ये जो कर पाए वह महज भाग्य की बात थी?

नहीं, यह बात भी नहीं हो सकती!

उस दिन अर्जुन का वहाँ नहीं होना भाग्य हो सकता है लेकिन अभिमन्यु का चक्रव्यूह भेदना उसका चुनाव था। चाणक्य तक्षशिला में जीवन भर आचार्य बने रह सकते थे और अब्राहम लिंकन, जो जूझते रहें और अन्ततः अमेरिका में दास-प्रथा खत्म हुई, सेठ अब्दुला की फर्म का वह वकील बड़ी मुश्किल से मिली उस नौकरी से खुश हो अपनी बाकी की जिन्दगी साउथ अफ्रीका में ही बड़े आराम से गुजार सकता था या आईसीएस में प्रथम आने वाले उस होनहार विद्यार्थी और बाद में कांग्रेस के उस अग्रणी नेता को कहाँ जरूरत थी 'आजाद हिन्द फौज' खड़ी करने की? ये इन सब का चुनाव था।

या फिर पढ़ाई में वह औसत लड़का, जिसने घर-घर जाकर अखबार बाँटे, फाइटर पायलट होते-होते रहा, वह बना पहले मिसाइल मैन और फिर देश का सबसे यादगार राष्ट्रपति। लुइस एल. हे और ओपरा विनफ्रे का बचपन और किशोरावस्था तो अन्दर तक हिलाने वाले हैं लेकिन आज उनका जीवन, उनके काम अपने आप में मिसाल हैं।

शायद इनका जीवन ही उन परिस्थितियों का जवाब है, जिनमें कोई भी व्यक्ति जन्म लेता है।

और इसके साथ ही यह बात भी उतनी ही सही है कि इनके जीवन में भी वह सब नहीं हुआ होता जो हुआ, तो ये भी वह नहीं हो पाते जो ये हो पाए।

यानी भाग्य भी है और पुरुषार्थ भी; इनका सहअस्तित्व है।

यदि ऐसा है तो फिर जरूरी है हमारा यह जानना कि हमारे जीवन में भाग्य की कितनी भूमिका है और कितनी पुरुषार्थ की। आखिर निकलने से पहले पता तो चले कि हमारे हाथ में करने को है कितना?

इसका सीधा-सरल जवाब मिला डॉ. सर्वेपल्लि राधाकृष्णन की भगवद्गीता के प्राक्कथन में। वे लिखते हैं, "जीवन ताश के एक खेल की तरह है। हमने खेल का आविष्कार नहीं किया और न ताश के पत्तों के नमूने ही हमने बनाए हैं। हमने इस खेल के नियम भी खुद नहीं बनाए और न हम ताश के पत्तों के बँटवारे पर ही नियन्त्रण रख सकते हैं। पत्ते हमें बाँट दिए जाते हैं, चाहे वे अच्छे हों या बुरे। इस सीमा तक नियतिवाद का शासन है। परन्तु हम खेल को बढ़िया ढंग से या खराब ढंग से खेल सकते हैं। हो सकता है कि एक कुशल खिलाड़ी के पास बहुत खराब पत्ते आए हों और फिर भी वह खेल में जीत

जाए। यह भी सम्भव है कि एक खराब खिलाड़ी के पास अच्छे पत्ते आए हों और फिर भी वह खेल का नाश करके रख दे।"

यह बात पूरी बात को स्पष्ट करते हुए लगी। भाग्य भी है और पुरुषार्थ भी लेकिन भाग्य की सीमा-रेखा है हमारी जन्म परिस्थितियाँ, बस। इसके आगे उसका कोई जोर नहीं।

जन्म परिस्थितियाँ, इनके बारे में सोचते वक्त हमारे ध्यान में सबसे पहले वे ही बातें ध्यान आती हैं, जो हमें सीमित करती हैं; लेकिन इनमें वे बातें भी तो होती हैं जिन्हें हम अपनी सम्भावनाएँ कहते हैं। हमारे खराब पत्ते हमारा भाग्य हैं, तो उनके साथ आए कुछ ही सही, अच्छे पत्ते भी तो हमारा भाग्य ही है। तब तो बात यह निकलकर आई कि अभिमन्यु का अभिमन्यु हो पाना, चाणक्य का चाणक्य हो पाना, गाँधी का गाँधी हो पाना ही असल में उनका भाग्य है लेकिन वे इसे फलित होने देते हैं या नहीं, यह उनका चुनाव है; पुरुषार्थ करने का चुनाव। और इस तरह हमारी सम्भावनाएँ, हमारा भाग्य है, तो निश्चित ही हम सब का अपना-अपना भाग्य है और हम सब भाग्यशाली हैं।

हम सब ईश्वर की स्वतंत्र भौतिक अभिव्यक्ति हैं। हम सब के द्वारा ईश्वर जिन विविध रूपों में प्रकट होना चाहता है, यह हमारा भाग्य है और हमारा वह सब करना कि ऐसा हो पाए, हमारा पुरुषार्थ। हमारी सारी बातें मिलकर हमें सबसे अलग, अद्वितीय बनाती है। एक केलिडीस्कोप में बन रहे चित्रों की तरह हम सब एक से बने हुए बिलकुल अलग हैं। ये तो हम हैं जो इनमें से कुछ को अपनी कमियों का और कुछ को अपनी विशेषताओं का नाम दे देते हैं।

गीता में सारा ज्ञान अर्जुन को देने के बाद यही तो कृष्ण अर्जुन से कहते —

इति ते ज्ञानमाख्यातं गुह्यादगुह्यतरं मया।
विमृश्यैतदशेषेण यथेच्छसि तथा कुरु॥

यानी, इस तरह मैंने गूढ़ से भी गूढ़ रहस्य वाला सारा ज्ञान तुझे बता दिया है। इस पर भलीभाँति विचार करने के बाद तेरी जैसी इच्छा हो, वैसा कर।

कृष्ण जानते थे कि अर्जुन इस ज्ञान को ग्रहण कर सकता है और यह भी कि वह 'अर्जुन' हो सकता हैं पर अन्ततः यह निर्णय उसी पर छोड़ा कि वह अपनी सम्पूर्णता को प्राप्त करने के लिए पुरुषार्थ करने को तैयार है या नहीं। यह उसे ही तय करना था। हम सब अपनी-अपनी जिन्दगी की भूमि पर खड़े

अर्जुन ही तो हैं, हम क्या हो सकते हैं, यह हमारा भाग्य हो सकता है लेकिन हम ऐसा होने दें, इसके लिए पुरुषार्थ जरूरी होगा, जिसका निर्णय सिर्फ और सिर्फ हमारे हाथ में है।

यानी पुरुषार्थ का एक अकेला मार्ग है, जो मनुष्य के लिए बना है।

हम सही जा रहे थे, रास्ता सजगता का ही है जो हमें वह होने देगा, जो हम हो सकते हैं। हम ठिठके तो अच्छा ही हुआ! निश्चय और दृढ़ हुआ।

अन्तराल

जब कभी निकल लें
थोड़ा आराम करें
और तब
जब आप लौटेंगे काम पर
आपके निर्णय होंगे ज्यादा पक्के
बिना रुके कैसे रहेगा
आपके निर्णयों में पैनापन
थोड़ा दूर निकल आएँ
काम दिखेगा छोटा होकर
और उससे भी ज्यादा
दिखेगा पूरा का पूरा
और तब
चल जाएगा तुरन्त मालूम
कहाँ अनुपात बिगड़ रहा है
कहाँ लय टूट रही है।

—लियोनार्डो डा विंची

लियोनार्डो डा विंची, क्या नहीं थे वे!

मानव-इतिहास के सबसे बड़े जिज्ञासु एवम चित्रकार लेकिन जिनकी पड़ताल के क्षेत्र रहे गणित, भूगर्भ-शास्त्र, वास्तुकला, शरीर-रचना, वनस्पति विज्ञान, अभियान्त्रिकी से लगा साहित्य और संगीत।

मोनालिसा की मुस्कान और लास्ट सपर के मर्म का जोड़ कभी इस दुनिया में होगा!

वे शायद पहले होंगे जिन्होंने जीवाश्मों, पदचिन्हों और बिलों-खोहों के आधार पर जीवों के व्यवहारों को जानने-समझने की कोशिश की थी।

यहाँ तक कि पैराशूट, हेलीकॉप्टर और टैंक जैसे न जाने कितने अविष्कारों के मूल विचार इनकी देन हैं।

पुनर्जागरण के इस नायक को इसीलिए इतिहासकार अतिमानव के रूप में याद करते हैं।

उनके बारे में तो जितना जानते जाओ किसी ऐसे व्यक्ति की ही छवि उभरती चली जाती है जिसे अपने जीवन में शायद ही कभी एक पल की भी फुरसत रही हो लेकिन जब वही व्यक्ति यह कहता है कि, "जब कभी निकल लें, थोड़ा आराम करें।" तो बात सचमुच गम्भीरता से सोचने-विचारने लायक बन जाती है।

क्यों कहा होगा उन्होंने ऐसा?

पर यह बात है तो सही कि रुकना तो पड़ता है। दूर क्यों जाएँ, हमारी बात भी तो करते-करते पिछली दफे इस मुकाम तक पहुँची थी कि हमारे किए-धरे से कुछ फर्क भी पड़ता है या सब कुछ पहले से लिखा-लिखाया है। हम ठिठके थे, वरना क्या फायदा था आगे बढ़ने से? पहले तब तक का हिसाब-किताब मिलाया और पाया था कि भाग्य और पुरुषार्थ दोनों साथ रहते हैं, अपने-अपने हिस्सों के। और सबसे बड़ी बात यह पाई थी कि जितना भी भाग्य हमारे जीवन में बसता है, उसका फलित होना भी हमारे पुरुषार्थ पर ही निर्भर करता है। आपके भाग्य में कुछ लिखा है, तो वैसा हो पाने के लिए भी आपको पुरुषार्थ तो करना ही होगा। यानी ऐसे या वैसे हमारे लिए पुरुषार्थ से अलग कोई रास्ता न कभी था, न ही है!

इस ठिठकने ने निश्चित ही तस्वीर को अधिक स्पष्ट और निश्चयों को और दृढ़ ही किया था।

यही बात तो विचीं ने बहुत ही सुन्दर ढंग से अपनी कविता के पूर्वार्ध में लिखी है और उतने ही कम शब्दों से उत्तरार्ध में वे यह तक बताते हैं कि ऐसा क्यूँ होता है, "काम दिखेगा छोटा होकर और उससे भी ज्यादा दिखेगा पूरा का पूरा, और तब चल जाएगा तुरन्त मालूम, कहाँ अनुपात बिगड़ रहा है, कहाँ लय टूट रही है।"

मैं इसकी कल्पना हवाई यात्रा के दौरान नीचे अपने ही दिख रहे शहर से करता हूँ। जिसे हम रोजाना ही टुकड़ा-टुकड़ा जीते हैं, वह शहर उस समय पूरा का पूरा हमारे सामने होता है। बहुमंजिला इमारतें और झुग्गियाँ, उद्यान और कचरे के ढेर,

व्यवस्थित बसावटों के साथ बेतरतीब निर्माण, तंग यातायात और खेत-खलिहान सब कुछ साथ-साथ दिख रहा होता है। और बिना कोशिश किए ही हम सोचने लगते हैं कि काश! वह हिस्सा सुधर जाए, वहाँ ऐसा हो जाए, वह ऐसे नहीं, वैसे बने तो मेरा शहर कितना खूबसूरत हो जाए! यही बातें जो उस समय हमें बहुत सहजता से मालूम हुई जान पड़ती है, हमें अन्यथा अपने शहर में रहते हुए कभी नजर ही नहीं आती। हम शहर के इतने अभ्यस्त हो चुके होते हैं कि हमें और कुछ हो भी सकता है कि गुंजाईश दिखती ही नहीं। कभी ऐसा कोई प्रसंग आए भी तो लगता है, यह हमारे बस का नहीं शायद कोई वास्तुविद ही बता पाए।

बिल्कुल ठीक यही होता है हमारी अपनी जिन्दगी और काम के साथ भी। हम एक ही दिनचर्या और काम करने के इतने अभ्यस्त हो जाते हैं कि शायद ही कभी यह अहसास होता हो कि इससे दीगर भी कुछ हो सकता है, कि फलाँ बात तो अब बेमतलब हो चुकी, मैं बेवजह ही इसे ढोये जा रहा हूँ। या फिर कोई छोटी-सी बात जिसे हम अपने काम में जोड़ लें तो परिणाम कुछ और ही हो जाएँ। कई-कई बार तो ऐसी छोटी-छोटी बातें जिन्दगी के पूरे स्वाद को बदल सकने का माद्दा रखती हैं लेकिन हम कभी रुकते ही नहीं, जायजा लेते ही नहीं और शायद इसलिए जिन्दगी में सब कुछ करते-करते भी हमेशा कुछ बाकी रह जाता है।

रुकना, इस तरह हमारी गाड़ी को पटरी पर तो लाता ही है, साथ ही हमें पुनः उसी उत्साह और उमंग से भी भर देता है, जो हमारे में पहले दिन था। उस दिन, जब सबसे पहले हमने कुछ करने की या नहीं करने की सोची थी।

सोच की पुनः हासिल की यह स्पष्टता जो संकल्प के पहले दिन थी, हमारी ह्रास हुई ऊर्जा की फिर से मरम्मत कर देती है और जिन्दगी का वही स्वाद लौटने लगता है।

और मन जब यह समझने में लगा था तब अपने आप ही यह भी समझ में आने लगा कि ये साप्ताहिक अवकाश क्यूँ होते हैं और क्यूँ हम त्योहारों को मनाते हैं।

साप्ताहिक अवकाश तो हुए बिलकुल वैसे जैसे एक पेंटर हर थोड़ी देर बाद अपनी पेंटिंग को हाथ में ले या थोड़ा पीछे हट उसे देखता है कि वह जो कुछ भी बना रहा है, वह पूरी तस्वीर के साथ जा तो रहा है। मैं इस चित्र के माध्यम से जो कहना चाहता हूँ, वह कह तो पा रहा हूँ। क्योंकि यह भी तो हो सकता है कि जो कुछ भी वह उस समय बना रहा हो वह अपने आप में बहुत सुन्दर हो लेकिन चित्र के साथ नहीं जा रहा हो।

अपनी दैनिक दिनचर्या से हम अपने जीवन की तस्वीर ही तो बनाते हैं। तो उसी तरह जरूरी हो जाता है हर थोड़ी देर बाद यह देख लेना कि जो कुछ हम कर रहे हैं वे कितने ही जरूरी दिखते या मनभावन लगते हैं। जैसा जीवन हम चाहते हैं उसके साथ मेल तो खा रहे हैं न! हम जिस तरह से याद रहना चाहते हैं उस पूरी बात का वे एक सही हिस्सा हैं न!

और त्योहार हमें हर वर्ष उन बातों की याद दिलाते हैं, जिनके कारण वे मनाए जाते हैं। वे मूल्य जो हम दुनियादारी में उलझ भूलने लगते हैं, उनमें हमारे विश्वास को पुनः पुख्ता करने का काम करते हैं ये त्योहार। कि अन्ततः अच्छाई ही जीतती है, कि प्रेम ही वो धुरी है जिस पर दुनिया धूम रही है, कि हम सब एक हैं और दूसरे के बिना उतने ही अधूरे। इस तरह त्योहार हमारे मन का नवीनीकरण कर देते हैं और हम फिर नई ऊर्जा के साथ आगे बढ़ने के लिए अपने आपको तैयार पाते हैं।

मुझे तो अब लगता है यदि हमें कभी अपनी धार्मिक नियमितताओं और आधात्मिक अभ्यासों से भी अवकाश की इच्छा हो तो वह स्वाभाविक ही है। हम अपनी मान्यताओं के चलते इन्हें अपनी कमजोरी मानने लगते हैं, मैं नियमों पर नहीं चल पाया! मैं अभी साधक नहीं बन पाया। और ऐसे ही न जाने क्या-क्या!

पर ऐसा नहीं है। यह तो संकेत है कि हमारी मान्यताएँ भी अब फिर से हरा-भरा होना चाहती हैं, नवीनीकरण माँगती हैं। इन्हें भी अब एक अन्तराल की जरूरत है।

विंची हमें और कुछ नहीं, एक ही जीवन में इतना कुछ कर पाने का राज बता रहे थे। हम सब इसी सोच के साथ पले-बढ़े हैं कि रुकना तो समय व्यर्थ करना है, कामचोरी है। और इसीलिए अपने आपको कर्मठ सिद्ध करने के फेर में हम बिना दृष्टि, बिना उत्साह और उमंग के भी काम को करते चले जाते हैं, जबकि इनका न होना इस बात की सूचना होती है कि हमारे निर्णय भोंतरे और कमजोर होने लगे हैं। अब उन्हें एक अन्तराल की जरूरत है। बिना दृष्टि, बिना उत्साह-उमंग के साथ किए काम क्या पूरे होंगे और जैसे-तैसे हो भी जाएँ तब भी हमारी उम्मीदों पर खरे तो नहीं ही उतरेंगे, हमारे खुश होने का कारण तो नहीं ही होंगे।

· तो, जब भी कभी निकल लें, थोड़ा आराम करें।

अपने आपको अन्तराल दें।

इजहार

जब आप काम करते हैं तब आप एक बाँसुरी होते हैं
जिसके हृदय से घंटों की फुसफुसाहटें
संगीत बनकर निकलती हैं।

जिन्दगी के गूढ़तम रहस्य को पा लेना है
उसे मेहनत के जरिए प्रेम करना।

हैं सारे काम खोखले
बचते हैं जब वहाँ प्रेम होता है
क्योंकि काम होते हैं प्रेम का इजहार।

—**खलील जिब्रान,** *द प्रॉफेट*

माँ के हाथ की रोटी का स्वाद ही कुछ और होता है। चाहे कोई बना रहा हो, माँ बीच में आकर बनाने लगे तो मुँह में कौर रखते ही बाहर बैठे हमें इस बात का पता चल जाता है। रोटी ही क्यूँ, उनकी बनाई हर चीज का स्वाद हम बाद में जिन्दगी भर हर कहीं ढूँढ़ते हैं लेकिन मिलता कहीं नहीं।

और मिल भी नहीं सकता क्योंकि वह कमाल रेसिपी का नहीं, ममता के पलेथन का होता है जो सिर्फ माँ के पास होता है। वह अपने बच्चों को खाना नहीं, प्यार परोस रही होती है। खाना तो बस एक जरिया भर होता है।

इसलिए वह स्वाद न तो और किसी में होता है और न ही और कहीं मिलता है।

इसी बात को प्रयोगशाला में सिद्ध किया डॉ. सुमोटो ने। उन्होंने तीन जार लिए, तीनों में आधी मुट्ठी चावल डाले और डूब जाएँ इतना उनमें पानी भर दिया। तीनों को एक ही टेबल पर रखा। अब रोजाना सुबह वे पूरी भावनाओं

के साथ एक जार के चावलों को कोसते, दूसरे की तरफ ध्यान ही न देते और तीसरे को प्यार से देखते, उनके होने भर का धन्यवाद करते।

ऐसा वे सात दिनों तक करते रहें, और परिणाम?

परिणाम, पहले जार के चावल सड़कर काले पड़ने लगे थे, बदबू मारने लगे थे। दूसरे जार के चावल सूखे-सूखे से निर्जीव हो भूरे पड़ गए थे और तीसरे, उनमें अंकुरण होने लगा था, जैसे खिल गए हो और हल्की-हल्की सुगन्ध फैला रहे थे, जैसी चावलों के पकने पर आती है।

(आप ढूँढ़ेंगे तो बड़ी आसानी ने आपको ये वीडियो भी मिल जाएँगे।)

एक ही स्थिति, उतना ही प्रकाश, वैसे ही जार, उतना ही पानी। सब कुछ एक-सा, बस फर्क था तो उनके साथ जुड़ी भावनाओं का। और परिणाम, परिणाम रात और दिन जितने अलग। जैसे बाकी सारी चीजें गौण हैं, और सबसे ज्यादा जरूरी है हमारी भावनाएँ जिससे प्रेरित हो हम किसी भी काम को करते हैं।

ऐसे में भला कोई माँ के हाथ की रोटी बना भी कैसे सकता! उस स्वाद की वजह उसकी वह भावनाएँ होती हैं, जो बनाते वक्त उसके मन में उमड़, आटे में मिल रही होती हैं। यह सब हो रहा होता है अपने आप, स्वाभाविक रूप से। क्योंकि इसे वह मौका समझती है अपने प्रेम के इजहार का। ऐसा कर पाना ही उसकी खुशी का कारण होता है। काम को करने में मिल रहा आनन्द ही काम का प्रतिफल होता है। कहाँ बनाते वक्त उसे ध्यान रहता है कि उसे प्रशंसा मिलेगी या नहीं! वह तो कर रही होती है अपनी खुशी के लिए। लेकिन जिन्दगी की हर उलटबाँसी की तरह परिणाम आता है कि वैसी रोटी दुनिया में कहीं नहीं मिलती।

काम अपने सुन्दरतम रूप में निखरकर सामने आता है।

यानी हम जो करें उसे प्रेम से करें या वही करें जिससे हम प्रेम करते हैं, क्योंकि यही वह तरीका है जिसमें बिना प्रतिस्पर्धा निश्चित सफलता है।

यदि हम केवल फूँक ही मारते रहें, चाहे वर्षों तक, हर बार और तेज, और अधिक प्रयासों से तो हो सकता है कुछ अलग-अलग-सी आवाजें निकलने लगे जिसे हम संगीत कह भी लें लेकिन असल संगीत तो बाँसुरी से तभी निकलेगा जब वे फुसफुसाहटें हृदय से प्रेम के साथ निकली हों। और तब हमारा काम हमारी उपस्थिति दर्ज करा रहा होगा, हमारी अनुपस्थिति

में भी। बिल्कुल, वैसे ही जैसे माँ सामने होती तो नहीं पर मुँह में रखा कौर उनका पता बता देता है।

आप भी याद करने बैठेंगे अपने उन कामों को जो आपके जेहन में आज भी बसे हैं तो आपको वे ही ध्यान आएँगे जो बस आपने अपनी खुशी के लिए किए थे, फिर वे चाहे कितने ही छोटे क्यूँ न थे। कितना मजा आया था उन्हें करने में! याद आएगी आपको वह तन्मयता, वह तल्लीनता जो आपने उन्हें करते हुए पाई थी! लगेगा, क्या सचमुच वह मैं ही था!

चाहे और किसी ने उन्हें देखा तक न हो, पर वे अब भी हमारे मन को कुछ सार्थक-सा हासिल कर लेने के भाव से भर देते हैं। आज भी वे हमें अपने पूर्ण होने का अहसास करा जाते हैं।

तो फिर दैनिक दिनचर्या के हमारे काम, जीविका के हमारे उपक्रम और लोगों के साथ हमारा व्यवहार हमें शाम तक घायल क्यों कर देते हैं? हम अपने काम को करने से पहले तनाव में और बाद में थके हुए क्यूँ हैं?

कितना खुशहाल जीवन हो यदि रोजाना हमें उतना ही मजा आए, हम अपने सारे काम वैसे ही करने लगें और धीरे-धीरे पूर्णता हमारा स्थायी भाव रहने लगे!

हो सकता है ऐसा लेकिन तब हमें अपने काम को माँ की तरह करना होगा लेकिन हमारा बर्ताव तो होता है एक नौकर जैसा। बस करते चले जाते हैं मशीन की तरह कि महीने के अन्त में तनख्वाह पानी है, कि मैं यह कर लूँ तो मैं यह हासिल कर लूँगा और वह कर लूँ तो वह। न हम अपने करने का आनन्द ले रहे होते हैं, न ही हमारे करने से किसी को आनन्द आ रहा होता है। न वे हमें याद रहते हैं, न ही और किसी को। वे खोखले होते हैं। चूँकि वे खोखले होते हैं, इसलिए उनसे जो मिलता है वो भी उतना ही खोखला होता है। कोई रस नहीं होता उनमें इसलिए उनसे कभी मन भी नहीं भरता।

हम कुछ भी पाकर खुश नहीं हैं, शायद इसकी वजह यही है।

'बचते हैं (ये काम) जब वहाँ प्रेम होता है',—यही तो कह रहे हैं खलील जिब्रान। यानी हमारा कोई भी काम हमारी खुशियों का कारण तभी बनता है जब हम उसे प्रेम से कर रहे हों।

यानी हमारे लिए वही काम उपयुक्त हैं, जिसे हम प्रेम से कर पाएँ, जिसे करके हमारा मन सन्तुष्ट हो।

हमारी प्रेरणा आत्म-सन्तुष्टि हो, न कि लालच।

मुझे मालूम है कि आप क्या कह रहे हैं—'प्रेम से पेट नहीं भरता।'

बिल्कुल, आप सही कह रहे हैं लेकिन यही तो बात है!

आपके काम की प्रेरणा जब आत्म-सन्तुष्टि होती है तब आप अपने काम को अपना सर्वश्रेष्ठ दे रहे होते हैं। आपके लिए उसे उससे बेहतर करना सम्भव ही नहीं होता और तब आपको उससे जितना अधिकतम मिल सकता है, मिल रहा होता है। यह ठीक उतना होता है जितने के आप असल हकदार हैं।

आपको जो मिला, हो सकता है, वह आपके लिए काफी हो-न-हो लेकिन आप उससे सन्तुष्ट होते हैं, क्योंकि आप जान रहे होते हैं कि आपको अपना पूरा हक मिला है। इस तरह आपको जो मिला है, वह उत्साहित करता है आपको उसी काम में फिर से जुट जाने को, उन नई सीखों के साथ जो पिछली बार से आपने समझी है। यह सिलसिला आपको ठीक समय पर वहाँ पहुँचा देता है जहाँ आपका काम आपको ठीक उतना देने लगता है, जितना आपको आपकी मनचाही जिन्दगी के लिए जरूरत होती है।

और यही तरीका है मेहनत के जरिए जिन्दगी को प्रेम करना, —जिन्दगी का गूढ़तम रहस्य।

यहाँ जरूरी हो जाता है मनचाही जिन्दगी और उसकी जरूरतों के बारे में थोड़ी-सी बात कर लेना।

जरूरतें! या तो कुछ नहीं या इतनी कि कभी पूरी ही न हो सके।

यही सुनते आए हैं हम इनके बारे में, पर मुझे तो ये दोनों बातें ही ठीक नहीं लगतीं।

हम वनों में नहीं, समाज में रहते हैं लेकिन यह भी कि रहना हमें अपनी तरह से होता है।

इसलिए हर किसी की जरूरतें भी होती हैं और वे कितनी हों, यह भी तय होता है। वह ऐसे कि आप यहाँ चित्रों से अपने आपको व्यक्त करना चाहते हैं यानी आप चित्रकार बनने की राह पर हैं या करुणा आपकी अभिव्यक्ति है और आप डॉक्टर बनना चाहते हैं, या इस बार आप ऐश्वर्य का अनुभव करने आए हैं जिसके लिए आपने व्यापारी बनना चुना है, तो आपका ऐसा होना आपको ठीक उतना देने लगता है जितना आपको अपनी मनचाही जिन्दगी के लिए जरूरी हो; वह ऐसे कि एक चित्रकार हो, चाहे कोई डॉक्टर, व्यापारी या

कोई और; व्यक्ति को उसी जीवन शैली की चाह होती है जैसी उसकी राह होती है। एक डॉक्टर, डॉक्टर की तरह रहना चाहेगा, एक व्यापारी, व्यापारी की तरह और एक चित्रकार, चित्रकार की तरह।

लेकिन यह होगा तब जब एक डॉक्टर बीमार तक पहुँचेगा, एक व्यापारी खरीदार तक और एक चित्रकार कला-प्रशंसक तक। आप में कुछ है तो यकीन मानिए बाहर कुछ लोग होंगे ही जिन्हें उस बात की जरूरत है और वे उसका उचित मूल्य भी देने को तैयार हैं लेकिन पहुँचना तो आपको ही होगा। यानी काम, जिसे आप प्रेम करते हैं, को करते रहने के साथ उसके उस मॉडल पर भी सोचते और काम करते रहना होगा जो आपको ये पुल पार करवा दे। जैसे यदि सुर आप में हैं तो इसे ही आपको अपनी जीविका के लिए चुनना चाहिए लेकिन ऐसे में केवल अपने पसनद के एकान्त में बैठ बाँसुरी बजाने से ही काम नहीं चलने वाला, आपको उन लोगों के बीच पहुँचना होगा जिन्हें बाँसुरी की तान सुकून देती हैं, और तब वे आपको अपने हुनर का उचित मूल्य भी दे रहे होंगे।

तो, हमें काम वही करना है जिसकी हम बाँसुरी बन सकें। हमने ऐसा किया तो अपने आप ही हमारे प्रयासों के परिणाम उसकी तान की ही तरह मीठे होंगे। मीठे परिणाम हमें और मेहनत करने को प्रोत्साहित करेंगे। हम अपनी जिन्दगी के प्यार में पड़े होंगे, जिसका इजहार हम अपने काम से कर रहे होंगे।

नमक, बस चुटकी भर

अहं में ही आते हैं अहं में ही जाते हैं
अहं में ही जन्मते हैं अहं में ही मरते हैं
अहं में ही देते हैं अहं में ही लेते हैं
अहं में ही कमाते हैं अहं में ही गँवाते हैं
अहं में ही सच्चे-झूठे बनते हैं
अहं में ही पाप-पुण्य विचारते हैं
अहं में ही स्वर्ग-नर्क पाते हैं
अहं में ही हँसते हैं अहं में ही रोते हैं
अहं में ही मैले होते हैं
अहं में ही धुलते हैं
अहं में ही मान-सम्मान गँवाते हैं
अहं में ही मूर्ख अहं में ही सयाने बनते हैं

मोक्ष मुक्ति का सार क्या, न जाना
अहं में ही माया अहं में ही अँधेरा
अहंकार में ही बार-बार जन्म लेना
अहंकार बुझे तो द्वार सूझे।

—नानक, *गुरु ग्रंथ साहिब* (अंग 466)

जब काम आप आत्म-सन्तुष्टि के लिए कर रहे होते हैं, तब धीरे-धीरे आपका काम मुँह बोलने लगता है। वह स्वयं बताने लगता है कि मुझे करने वाला कौन है। और तब जैसे आप जैसा कोई नहीं वैसे ही आपके काम जैसा भी किसी का काम नहीं होता। हो सकता है, किसी और का किया वही काम उतना ही

अच्छा या किसी के लिए उससे भी अच्छा हो लेकिन वह वैसा नहीं होता। उसका काम उसके जैसा होता है और आपका आपके जैसा।

बिल्कुल एक ही दृश्य को देख बनाए चित्रों की तरह सबसे अलग, सबसे अनूठा।

इस तरह आपकी एक पहचान बनने लगती है। काम देखकर ही लोग भाँपने लगते हैं कि यह किसने किया होगा! और उसी तरह की हमेशा आपसे उम्मीद भी रखने लगते हैं। आपका काम आपको प्यार और सम्मान दिलाने लगता है। आपके काम से आपकी एक हैसियत बनने लगती है।

यह आप भी तो देख रहे होते हैं, महसूस कर रहे होते हैं। लोगों का, अपनों का वही प्यार, वही सम्मान मिलता रहे इसलिए आप भी इस बात का उतना ही ध्यान रखने लगते हैं। आपको अपनी हैसियत की फिक्र रहने लगती है।

यह वाजिब भी है और ठीक भी।

इससे काम में एक तरह का अनुशासन आता है।

पर साथ ही आपकी एक छवि भी गढ़ने लगती है। आपकी ओर से भी और लोगों की ओर से भी। आप अपने प्रयत्नों से इसे बना रहे होते हैं और लोग अपनी उम्मीदों का पानी छिड़क इसे मजबूती दे रहे होते हैं।

बहुत जल्दी ही आपके सारे निर्णय इस छवि के इर्द-गिर्द होने लगते हैं। आप जैसे हर क्षण एक सैनिक की तरह अपनी इस छवि की रक्षा में मुस्तैद रहते हैं। इस छवि का भार बढ़ता ही चला जाता है, जिसके नीचे आत्म-सन्तुष्टि की साँस घुटने लगती है। और धीरे-धीरे आपके तार अपने आत्म से कमजोर पड़ने लगते हैं। अब आपकी नजर में आप वह छवि होते हैं। वही आपका अपने लिए एकमात्र परिचय बच जाता है, बस। आपका असली परिचय, आपका ईश्वर की स्वतंत्र भौतिक अभिव्यक्ति होना, आप भूल चुके होते हैं।

आपकी वह छवि, आपका वह झूठा 'मैं' ही तो आपका अहंकार है।

मैं दुनिया में सबसे शक्तिशाली हूँ, सबसे धनी हूँ, सबसे बड़ा भक्त हूँ यही तो परिचय बना लिया था रावण ने अपना। वह समझने लगा था यही मैं हूँ। भूल गया था कि आया हूँ, तो जाना भी होगा। कि मैं भी उस ऊर्जा का ही प्रकट रूप हूँ, जिसे अन्ततः उसी में विलय हो जाना है। कि ये मेरे गुण हैं, जो मैंने अर्जित किए हैं, मैं नहीं। कि मैं इस बार अपने अन्दर के ईश्वर को इस तरह अभिव्यक्त कर पाया हूँ, बस इतना ही।

वह अपने आत्म से पूरी तरह कट गया था, अपने झूठे 'मैं' को जीने लगा था, इसलिए अपना ही विनाश कर बैठा।

रावण अहंकार की पराकाष्ठा था। वह हमें सीखाकर गया कि अहंकार की अन्तिम परिणीति विनाश है।

तो क्या हम में अहं होना ही नहीं चाहिए? क्योंकि यह रहा तो किसी दिन अहंकार में तब्दील होगा और हम अपना ही विनाश कर बैठेंगे।

लेकिन यदि अहं ही नहीं रहा, अपनी ही जानकारी नहीं रही तो कैसे तलाशेंगे अपने रास्तों को? क्योंकि यहाँ तो सब का अपना होना है। किसी को किस में सुकून मिलता है तो किसी को किस में।

फिर हर किसी का अपना नजरिया, अपनी राय होती है।

अहं ही नहीं होगा तो कैसे समझेंगे कि तू भी सही और मैं भी सही, कैसे मानेंगे कि यह उसका होना है और यह मेरा होना।

और तब एक कहानी याद हो आई।

एक गाँव बाढ़ की भीषण चपेट में था। पानी भरना शुरू हो गया था और लोग आस-पास की पहाड़ी ढाणियों की तरफ पलायन कर रहे थे। उसी गाँव में एक भक्त रहता था। वह कहता था, तुम नाहक चिन्ता करते हो। और तुम्हें तो होगी ही न! पर मुझे तो मेरा साँवरिया बचाएगा। हर कोई उसे अपने साथ चलने को कहता, पर वह अपनी बात पर अड़ा था।

उधर पानी था जो चढ़ता ही जा रहा था। उस दिन गाँव का आखिरी आदमी भी उसे समझाने आया। देख भाई, अब तो गाँव में कोई नहीं बचा। चला, चल। क्यों मृत्यु के सामने खड़ा होता है।

पर उसके पास तो वही बात थी, 'मुझे तो मेरा साँवरिया बचाएगा।'

थककर वह भी चला गया।

दो ही दिनों में पानी ने विकराल रूप धारण कर लिया। मकान सारे जलमग्न थे और वह खुद एक बरगद की ऊँची डाली पर टँगा था। अब मन थोड़ा-सा घबराने लगा था। उसने आकाश की तरफ देखते हुए कहा, 'ऐ! साँवरिया मुझे बचा।' इतने में क्या देखता है, एक नाव उसी की ओर चली आ रही है। हाँ, वह बचाव दल का ही सदस्य था। नजदीक पहुँचा, हाथ बढ़ाया तो भक्त महाशय बोले, 'नहीं-नहीं! तुम जाओ। मुझे तो मेरा साँवरिया बचाएगा।'

फिर समझाया, देखो, पानी जिस तरह बढ़ रहा है, शायद ही मेरे बाद इधर कोई आ पाए!

पर उसका तो वही जवाब, 'मुझे तो मेरा साँवरिया ही बचाएगा।'

झल्लाता हुआ वह नाविक भी चला गया।

समय बीत रहा था और अब तो वो बरगद भी जिससे वो टँगा था, डूबने को आया था।

उसने नाराज होते आकाश की तरफ देखा और कहने लगा, "साँवरिया, मैंने जिन्दगी भर तुझे जपा, तेरी भक्ति की! आज तेरी बारी आई है, तो तू निर्मोही बना बैठा है!"

इतने में क्या देखता है, एक बड़ा सा लट्ठा उसकी तरफ बहता हुआ आ रहा है।

पर वह भाई लट्ठे पर भी नहीं चढ़ा, उसकी तो जिद थी कि मैंने जिन्दगी भर सेवा की है, तो अब तो मुझे साँवरिया खुद आकर ही बचाएगा!

आखिर पानी उसे पी गया। वह स्वर्ग पहुँचा, सामने प्रभु बैठे मुस्करा रहे थे।

चेहरा उसका भी तमतमा रहा था पर इसके पहले कि वह कुछ बोलता, प्रभु कहने लगे, "अरे, मूर्ख! फिर कितनी बार बचाने आता तुझे? गाँव का आखिरी आदमी बनकर आया, बचाव-दल का नाविक बनकर आया और अन्त में तो तेरे लिए काठ तक बनने को तैयार हुआ। पर तू तो कुछ सुनने-समझने को ही तैयार नहीं था। बता, मैं क्या करता?"

जीवन में स्थितियों को अपने परिपेक्ष्य में सुनने-समझने के लिए जरूरी है कि हम में अपने स्वतंत्र अस्तित्व का अहसास भी बना रहे। साँवरिया न जाने किस भेष में आएँ! उन्हें पहचानने जितना तो अपने आपका मानना ही होगा। हमारे होने की वजह एक होते हुए भी हम सबसे अलग है, इन दोनों बातों का ख्याल रखना हमारे लिए जरूरी है।

एक ही ऊर्जा हमसे अलग-अलग रूपों में प्रकट हुई है, यानी हम अलग भी हैं। इतनी सत्ता तो हमें अपनी भी स्वीकार करनी होगी।

इसलिए अहं भी जरूरी है, पर बस आटे में नमक जितना। नानक यही कह रहे हैं कि अहं के बिना दुनिया के किसी भी अहसास को महसूस करना, जीना सम्भव ही नहीं।

अहं इतना भर हो कि हम उपलब्ध जानकारियों का अपने परिपेक्ष्य में विश्लेषण कर सकें।

लेकिन यह भी कह रहे हैं कि अहंकार के साथ परमात्मा से मिलना सम्भव नहीं। यानी अहंकार रहा तो अपने आपको पहचानना सम्भव नहीं, जीवन के अर्थ को समझना सम्भव नहीं। और अपने आपको पहचानना, अपने जीवन के अर्थ को समझना इसलिए जरूरी है कि हम निर्णय ले सकें, जीवन में क्या करने योग्य है और क्या नहीं। हम आए किसलिए हैं और कर क्या रहे हैं।

यानी आटे में नमक तो रहे, पर बस चुटकी भर। ध्यान नहीं रहा तो रोटी सामने होगी और हम भूखे।

जिन्दगी खूबसूरत मिली होगी और हम असन्तुष्ट।

बात तो ठीक है, पर यह हो कैसे? कैसे पता लगे कि अब यह होने लगा है?

कैसे पता लगे कि हमारी छवि के नीचे हमारी आत्म-सन्तुष्टि दबने लगी है?

तो, तरीका सीधा-सा है!

जब मन की प्रसननता, खिन्नता में तब्दील होने लगे।

जब काम करने का लुफ्त जाता रहे और आप बस उसे अपनी प्रतिष्ठा के लिए, उससे मिलने वाले फायदों के लिए करते चले जाएँ। जब काम आपके लिए भावनात्मक आनन्द का स्रोत की जगह बौद्धिक चतुराई का खेल बन जाए।

तो, रुकिए ठीक उसी समय।

नमक ज्यादा हो रहा है।

जिन्दगी का स्वाद बना रहे इसके लिए अब थोड़ी जोखिम उठानी होगी!

यह जोखिम है अपनी छवि के थोड़ी-बहुत धूमिल हो जाने की। जो, जैसे करते आए हैं उससे जरा हटकर करने की। लोगों की उम्मीदों के पैमानों पर खरा नहीं उतरने की। कुछ नया आजमाने की।

और ये 'जोखिम' इसलिए कि आपको लगेगा इससे आपके मान-सम्मान में कोई आँच आने वाली है।

काम को फिर से वैसे करने का सोचना होगा, जहाँ उसे करने का आनन्द आने लगे। काम अवसर और उसे शुरू करने की प्रतीक्षा रहने लगे। यदि समय के साथ अब कुछ और करने की कुलबुलाहट होने लगी है, तो उसकी गणित भी बैठानी होगी। दैनिक जीवन में कुछ ऐसी बातें घटानी-जोड़नी होगी, जो आपके मन को तरो-ताजा रखे। घटानी उनको, जो बेमतलब के

नियम बन चुकी हैं और जोड़नी उनको, जिन्हें आप न जाने कब से करने की सोच रहे हैं।

ऐसा करना आपकी छवि को तोड़ेगा। आपके झूठे 'मैं' के पीछे छिपे आपके असली 'मैं' से आपको फिर से मिलवाएगा। इस तरह आपका अहंकार फिर जरूरी अहं जितना भर रह जाएगा।

और जब आप ऐसा करेंगे तब आपको एक बात और पता चलेगी कि जिसे आप जोखिम समझ रहे थे वह जोखिम थी ही नहीं! यह भी जिन्दगी की उलटबाँसी ही निकली। लोग आपको और इज्जत से देखने लगे हैं। सोचने लगे हैं कि काश! वे भी आप जैसा कुछ कर पाएँ।

साथ में एक मजे की बात और, आप हमेशा अपने आपको युवा महसूस करेंगे, क्योंकि चाहे कुछ भी करते हुए आपको कितने भी वर्ष क्यूँ न हो गए हों, आपका नजरिया एक नई शुरुआत का होगा। जिसका प्रभाव आपके स्वास्थ्य पर भी होगा। युवा महसूस करेंगे, तो युवा दिखेंगे भी।

जिन्दगी की मास्टरी

विवेक विद्वान होने की निशानी है लेकिन भेद कर पाना दक्ष होने का लक्षण।

—ऐलन कोहेन

हमारी अपनी छवि की तरह हम हर किसी की एक छवि गढ़ लेते हैं। हम किसी से भी वैसे ही मिलते हैं जैसे उसके होने की हमें उम्मीद होती है। मस्तिष्क हमें यह यांत्रिक सुविधा देता है जिससे हर बार हमें उस व्यक्ति को नए सिरे से जानने-समझने की जहमत न उठानी पड़े।

हमें हर बार, कम या ज्यादा, यह मालूम होता है कि अगला कैसा होगा!

वैसे भी हम समूहों में जीते हैं। रोज उन्हीं-उन्हीं लोगों से तो मिलते हैं।

अब आज तक उसने जो किया है, वैसा ही तो वह आज भी करेगा न!

और फिर हर मुलाकात के बाद इस बार वाला अनुभव और जुड़ जाता है। छवि और निखर आती है। उस व्यक्ति के बारे में हमारी धारणाएँ थोड़ी और पक्की हो जाती हैं।

खैर, यहाँ तक तो ठीक है लेकिन जिनसे हम पहली बार मिल रहे होते हैं वे भी कहाँ मिले हैं, किस ओहदे पर हैं, कैसे दिखते हैं, से एक अन्दाजा तो हम लगा ही लेते हैं कि वे कैसे होंगे!

हम वह नहीं देखते जो है, हम वो देखते हैं जो हमारे हिसाब से होना चाहिए, इसलिए हमें हमेशा वही का वही दिखाई देता है। और एवज में हम! हम भी वैसे ही, वही करते हैं जो आज तक हम करते आए हैं। न हम बदलते हैं, न अगले को बदलने देते हैं लेकिन साथ ही जिन्दगी से शिकायत हमेशा बनी रहती है कि कुछ बदलता ही नहीं।

हर दिन बीते दिन का दोहराव है, बस।

लेकिन बेचारी जिन्दगी बदले कहाँ से? अब प्रकृति कुछ देना चाहेगी तो किसी-न-किसी के हाथों ही भिजवाएगी न! खुद दरवाजे पर आकर तो देने से रही। और हम पार्सल छुड़ाते ही नहीं, यह सोचकर कि यह जीवन में जो कुछ है उसी का भेजा हुआ है और हर बार वही-वही मिल रहा है, फिर क्या मतलब? हम परिस्थितियों को प्रकृति की देन समझते हैं पर वे तो हमारे भाग्य और कर्म के मिश्रण का परिणाम होती हैं। हाँ, उन परिस्थितियों में छिपे अवसर जरूर प्रकृति की भेंट होते हैं। और इसी गफलत में हम अपने हर आज को कल का दोहराव बना लेते हैं।

ज्यादा सही तो होगा यह कहना कि हम भी प्रकृति ही हैं जो हर क्षण प्रकृति से मिल रहे होते हैं। आप घुमाएँ नजर अपने चारों ओर, क्या प्रकृति का कोई दृश्य आपको पहले जैसा दिखाई देता है? वह हर पल बदल रही है लेकिन रहती है उतनी ही खूबसूरत। इसीलिए हर बार आप भी बदले हुए हैं और उतना ही सामने वाला भी। लेकिन मुश्किल यह है कि व्यवहार दो व्यक्ति नहीं, उनकी छवियों के बीच में हो रहा होता है। और वह बदलना तो छोड़ो हर अनुभव के साथ पक्की हो रही होती है।

यदि हमें हर दिन नया, उत्साह से भरा चाहिए तो इन छवियों से, अपनी धारणाओं से मुक्त होना होगा। हर बात में छिपे अवसरों को देख पाने के लिए अपने मस्तिष्क के यांत्रिक परिणामों और प्रतिक्रियाओं के परे सामने आती जा रही बातों को महसूस करना सीखना होगा।

एक फिल्म है, 'क्लीन स्लेट।' इस फिल्म के हीरो पोगए को एक अजीब बीमारी होती है। रात की नींद के साथ ही वह अपना पूरा बीता दिन भूल जाता है। उसके साथ क्या हुआ, उसने क्या किया, उसे कुछ याद नहीं होता। उसकी हर सुबह इतनी नई होती है जैसे वह अभी-अभी किसी और ग्रह से उतरा हो। एक बच्चे-सा कौतूहल, विस्मय और उत्सुकता। हर पल आनन्द और उत्साह से भरा हुआ।

एक दिन एक महिला उसके पास आती है। कहती है, मैंने उस दिन तुम्हारे साथ किया तो बहुत गलत था, इसलिए मैं बहुत शर्मिन्दा हूँ। मुझे माफ कर दो!"

पोगए बड़े आराम से छोटे बच्चों की तरह कन्धे उचकाकर कहता है, 'कोई बात नहीं।' जितनी आसानी और सहजता से वह कहता है वह उस

महिला के समझ के बाहर की बात होती है। उसका मुँह खुला का खुला रह जाता है। लेकिन पोगए उससे तो क्या, पूरी दुनिया से उसकी पूरी सम्भावनाओं के साथ मिल रहा होता है। उसके लिए कुछ भी असम्भव नहीं क्योंकि किसी बात के नहीं होने के उसके पास कोई कारण नहीं।

लेकिन ऐसा जीवन भी हम अपने लिए नहीं चाहेंगे! क्योंकि ऐसे जीवन में रिश्तों का खट्ठा-मीठा रस नहीं। यादें नहीं। और साथ ही बार-बार धोखा खाने की मजबूरी, क्योंकि जान के भी किसी की पहचान नहीं। अपनों पर ही भरोसा नहीं। किसी के साथ का सुख नहीं, यानी सचमुच दूसरे ग्रह के प्राणी-सा जीवन।

मस्तिष्क की वह यांत्रिक सुविधा, सब कॉन्सियस माइंड की वह डाटा बेस कैपेसिटी हमें इसीलिए दी थी, इसलिए नहीं कि हम अपने कौतूहल, विस्मय और उत्सुकता को खो दें। पूर्वाग्रह से ग्रसित हो इस क्षण में उपस्थित सम्भावनाओं पर प्रश्न-चिन्ह लगाते फिरें। स्मृति का उद्देश्य आज के निर्णयों को तीव्र और पैना बनाने को है और जो यह सनतुलन रख पाए वही दक्ष है।

सम्राट पृथ्वीराज चौहान के किस्से आज भी लोक कथाओं में सुनाए और लोक गीतों में गाए जाते हैं। ऐसा वीर जो अकेला शेर की माँद में घुस शिकार को छुड़ा ले आए। लेकिन वे मोहम्मद गौरी को नहीं पहचान पाए थे। उन्होंने उसकी हर कोशिश को सीमा पर आए दिन होने वाली घुसपैठ समझा। फिर जब उसने लाव-लश्कर के साथ चढ़ाई कर दी तब भी उन्होंने उसे अपनी बेफिक्री की वजह समझा दी थी। वे अजमेर से पंजाब तूफान की तरह डेढ़ ही दिन में पहुँच गए और उसी मिजाज में लड़े। गौरी क्या टिकता भला। उसे बुरी तरह से जख्मी हालत में भागने पर मजबूर होना पड़ा।

पृथ्वीराज चौहान एक नायक थे, उन्हें युद्धभूमि से भाग रहे राजा का पीछा करना कहाँ शोभा देता और यह तो युद्ध के सर्वमान्य नियमों के भी विरुद्ध होता!

उन्होंने वह किया जो एक वीर योद्धा और सम्राट से अपेक्षित था।

लेकिन फिर, फिर क्या हुआ, इसका इतिहास गवाह है।

अब कुछ प्रश्न उठते हैं यहाँ। क्या उनका एक वीर योद्धा की तरह युद्ध के नियमों का पालन करना गलत था? क्या उन्हें गौरी की तरह ही हो जाना चाहिए था? यदि वे ऐसा करते तो क्या फर्क रह जाता गौरी और उनमें? व्यक्ति यदि धारणाएँ नहीं बनाए, हर बार पहली बार की तरह पेश आए तब

तो पृथ्वीराज चौहान का गौरी के पीछे नहीं जाना ठीक ही था। माफी के बाद अवसर नहीं देना तो पूर्वाग्रह से ग्रसित होना होता।

लेकिन इन सारे सवालों के जवाब ढूँढ़ने से पहले भी हमें मालूम है कि गौरी को यूँ छोड़ना गलत था! और यही विरोधाभास प्रश्न खड़ा करते हैं कि क्या ये आध्यात्मिक सिद्धान्त जिन्दगी की व्यावहारिकताओं के सामने कम पड़ जाते हैं? तो, क्या हमारा धारणाएँ बनाना ठीक है? शायद ऐसे दोराहों पर हम ऐसा ही मान लेते हैं और जब हमें कुछ नहीं सूझता तब हम इन कमियों को अपवाद कहकर भर देते हैं।

कि धारणाएँ बनानी तो नहीं चाहिए पर ऐसी कुछ घटनाएँ अपवाद होती हैं।

पर ऐसा हो नहीं सकता! गणित का पहाड़ा किसी हिसाब को कर पाने के लिए कम नहीं पड़ता। आध्यात्मिकता पहाड़ा हैं तो व्यवहारिकता हिसाब। व्यवहारिकता का कोई पहलू आध्यात्मिकता से छूटा हुआ नहीं।

तो पेच कहाँ हैं?

और इस पेच को भी एक ही झटके में एलेन कोहेन खोलते हैं, "एक भेड़िए को जैसा वह है वैसा पहचानने में मत हिचकिए; यह गलत धारणा बनाना नहीं, सही देख पाना है।'

और यही जिन्दगी की मास्टरी है, जीने में दक्षता है। अच्छे और बुरे में भेद कर पाना अलग बात है और जो सोच लिया है वही समझना अलग बात। जीवन में हमारे भी मोहम्मद गौरीयों की कमी नहीं, जो हमारी भलमानसता का एक भी मौका नहीं चूकते। और हम युद्ध नियमों के पालन की तरह कि 'मैं ऐसा कैसे कर सकता हूँ' हर बार उन्हें सहते चले जाते हैं। इनके लिए ठीक यही होगा कि पहले तो साफ और स्पष्ट शब्दों में इन्हें रोककर कहें कि ये मुझे नहीं चलेगा। कुछ वक्त देखें, और फिर भी ये अपनी हरकतों से बाज नहीं आएँ तो इनसे दूरी बना लें।

मानता हूँ, कुछ सम्बन्ध तोड़े तो नहीं जा सकते लेकिन उनके बीच में लक्ष्मण-रेखा जरूर खींची जा सकती है।

लेकिन इसके साथ-साथ ये गुंजाइश भी छोड़ें कि कोई सचमुच बदल रहा हो तो उतने ही दरवाजे आपके भी खुले रहें। हमारी दृष्टि हमेशा साफ रहे।

सुग्रीव, बालि के डर से अपने चारों विश्वासपात्र सहयोगियों के साथ ऋष्यमूक पर्वत में कहीं छिपा बैठा था। एक दिन क्या देखता है, दो तेजस्वी

धनुर्धर जिनका आभामण्डल ही चमकृत कर देने वाला था, उन्हीं की ओर आ रहे हैं। वह बहुत घबरा गया। सोचा, जरूर इन्हें बालि ने ही मेरे वध के लिए भेजा होगा। उसे तब इतना ही सूझ रहा था कि वह पर्वत के जितने ऊँचे और सुरक्षित स्थान पर पहुँच पाए, पहुँच जाए। पर यहाँ आकर भी उसका भय कम नहीं हुआ, मृत्यु जैसे सिर पर नाच रही थी। हनुमान जी को यह ठीक नहीं लग रहा था, 'राजन! यूँ बिना जाने मान लेना तो गलत होगा। मैं जाता हूँ और पता लगाकर आता हूँ, फिर निर्णय लेंगे।'

हनुमान जी संन्यासी का वेश धर राम-लक्ष्मण के पास पहुँचे, आश्वस्त हो अपना परिचय दिया और तब पाया कि वे तो स्वयं सुग्रीव की खोज में है। अपना वनवास निभाते हुए कोई दुष्ट राक्षस, राम की पत्नी सीता को उठा ले गया है और इसमें वे सुग्रीव की मदद चाहते हैं। हनुमान जी तुरन्त ही प्रकृति की योजना को समझ गए। वे दोनों ही थे जो एक-दूसरे की मदद कर सकते थे। राम ही थे जो सुग्रीव को बालि से छुटकारा दिला सकते थे और सुग्रीव-किष्किंधा की सेना ही थी जो सीता को ढूँढ़ ला सकती थी।

हनुमान जी ने स्थितियों को मौका दिया, राम और लक्ष्मण के प्रति बालि के मित्र और हितैषी होने के पूर्वाग्रह को अपने से दूर रखा लेकिन ऐसे होने की सम्भावना को भी सिरे से नकारा नहीं। वे सनयासी का वेश धर उनसे मिले और आश्वस्त होकर ही अपना असल परिचय दिया। इस तरह उन्होंने बताया कि विद्वान होने से भी थोड़ा आगे बढ़ दक्ष कैसे होना होता है। अतीत के अनुभवों का सही इस्तेमाल करते हुए इस क्षण में उपस्थित सम्भावनाओं के लिए खुले किस तरह रहा जाता है।

मन की आदत

योगश्चित्तवृत्ति निरोधः।

—पातंजल योगसूत्र (समाधिपाद, सूत्र-2)

जीने की यह दक्षता, अपनी पूर्णता के साथ हर क्षण में यूँ उपस्थित रहना तभी सम्भव है जब मन और चित्त शान्त हो। पर मैं हूँ कहाँ? कुछ भी करते हुए मन में तो कुछ और ही चल रहा होता है। आइसक्रीम खा रहा हूँ तो ऑफिस के काम याद आने लगते हैं, कि अचानक अपने नए घर का नक्शा सोचने लगता हूँ। या यह सोचने लगता हूँ कि इसके बाद एक और खा लूँ क्या? खानी तो नहीं चाहिए पर कब-कब तो खाता हूँ मैं!

मैं कुछ भी कर रहा होता हूँ, पर आइसक्रीम का आनन्द नहीं ले रहा होता। मैं हमेशा ही कहीं और होता हूँ और इस क्षण की सुन्दरता और सम्भावना मेरे जीवन में घट ही नहीं पाती।

सुग्रीव कभी राम से नहीं मिल पाते!

ये जो कुछ विचार चल रहे हैं मेरे मन में, ये मुझसे मेरा हर क्षण छीन रहे हैं। और हर क्षण की यही कहानी है। मैं किसी भी क्षण अपने पूरे मन से वह कर ही नहीं रहा होता, जो मैं करना चाहता हूँ और इसीलिए मैं जो करना चाहता हूँ उसके लिए अपनी जिन्दगी हमेशा छोटी पड़ती लगती है।

आधे-अधूरे मन से किया मेरा काम मुझे उतना तो दिला ही नहीं पाता जितने का मैं हकदार हूँ। विचारों के साथ भाग-भागकर मैं थककर चूर हो रहा होता हूँ, सो अलग! एक तो पहले ही आधा मैं और वह भी थका-हारा।

सोचने लगता हूँ, क्या मेरे साथ ही ऐसा हो रहा है?

अब मैं अपने सामने गुजरते लोगों के चेहरों को देखने लगता हूँ और मुझे कोई प्रफुल्लित चेहरा नहीं मिलता। सब भाग रहे हैं, सबको कहीं पहुँचना है; पर फिर ऐसा भी तो कोई नजर आए, जो पहुँच चुका हो!

पर वैसा भी कोई नहीं मिलता!

शायद मन के इन विचारों ने मेरी ही तरह सबको त्रस्त कर रखा है।

और मैं विचारों को देखने लगता हूँ।

यह क्या! तट पर आ टकरा रही लहरों की तरह मेरे मन में विचार चल रहे हैं, अनवरत। एक गया नहीं कि दूसरा आ धमकता है। और ऐसा भी नहीं कि इनका आपस में कोई लेना-देना है। नहीं, बिलकुल नहीं। एक कहीं का, तो एक कहीं का; पर हाँ, कभी भी इनके बीच में कोई विराम नहीं, कोई खाली जगह नहीं। यानी मुझे भी एक पल का विश्राम नहीं। आश्चर्य तो मुझे तब हुआ जब मुझे यह दिखने लगा कि इसमें मेरा कोई हाथ भी नहीं, बिलकुल उन लहरों की तरह जिनके बनने-बिगड़ने में, आकार और तीव्रता में समुद्र का कोई हाथ नहीं होता।

और यह भी कि लहरों की तरह यह विचार भी कभी तो एक के बाद एक सिलसिलेवार, तो कभी एक साथ दो-दो, तीन-तीन और कभी-कभी तो एक के ऊपर दूसरा और बीच में से कोई तीसरा।

विचारों के साथ ठहरा तो थोड़ी ही देर बाद लगने लगा कि यह बात केवल विचारों के आने-जाने की नहीं है। हर विचार के आते ही मैं उसे सोचने लगता हूँ।

सोचने लगता हूँ! ज्यादा ठीक होगा यह कहना कि मैं उसे लेकर अपने आपसे बात करने लगता हूँ।

बात शुरू तो होती है उस विचार को अपना जवाब देने से। विचार कहीं से उपजा हो, मुझे लगता है जैसे किसी ने मुझसे प्रश्न किया हो। प्रश्न को सामने देखते ही मेरा मस्तिष्क सक्रिय हो उठता है और मैं उत्तर देने लगता हूँ। मेरा उत्तर ही नए प्रश्न को जन्म दे देता है और मैं फिर उत्तर देने लगता हूँ। फिर प्रश्न-फिर उत्तर, फिर प्रश्न-फिर उत्तर। ऐसा करते-करते मैं इतना उलझ जाता हूँ कि याद ही नहीं रख पाता कि वह मन में उठा महज एक विचार था, बस! और वह भी मैंने चुना नहीं था। यह ठीक वैसे ही होता है जैसे अभिनय में कोई इतना डूब जाए कि उसका नाटक होना भूलने लगे।

कुछ ही मिनटों में प्रश्न-उत्तर की इस रेलमपेल में जैसे ही उस विचार की तीव्रता कम पड़ने लगती है, न जाने कहाँ से दूसरा विचार आ टपकता है, जैसे दरवाजे के बाहर खड़ा इन्तजार कर रहा हो कि तेरा काम निपटे तो मैं आऊँ। इस समय इस आने वाले विचार की तीव्रता जाने वाले की तीव्रता से कहीं अधिक होती है। और फिर वही क्रम निकल पड़ता है। यह भी देख रहा हूँ कि ये दो-दो, तीन-तीन विचारों की धक्कामुक्की तब मचती है जब ये सारे अपनी तीव्रता में एक से बढ़कर एक होते हैं।

अभिनय को जब मैं हकीकत मानने लगता हूँ, विचारों को जब मैं जीने लगता हूँ, तब अपने आप ही वैसी ही मेरी मनोदशा बनने लगती है। विचार कोई ऐसा है जो मुझे अपने अहं पर चोट की याद दिलाता है, तो मैं गुस्से से भर उठता हूँ। मुझे आज की स्थिति के लिए अपनी कोई पुरानी गलती याद आती है तो पछतावे से और यदि कोई अच्छी खबर मिलती है, तो खुशी से भर उठता हूँ।

जी हाँ, अच्छी खबर भी मेरे लिए एक विचार ही है। सोचने की मेरी आदत या कहना चाहिए लत आज, अभी जो मेरे साथ घट रहा है, उन सब को एक विचार में बदलकर रख देती है। मैं अपनी खुशी या कोई भी अनुभव को जीता नहीं, बस होते ही उसे शब्दों में ढालने को कोशिश करने लगता हूँ, "चलो! आखिर मेहनत रंग लाई" या इसी तरह कुछ और। अनुभव के आनन्द को छोड़, मैं यह वाक्य अपने से कहता हूँ। और फिर इसी का सिरा पकड़ अपने आपसे बात करने में जुट जाता हूँ।

क्यों करता हूँ मैं ऐसा?

मैं यहाँ अनुभूति और अभिव्यक्ति के लिए आता हूँ। अनुभूति मेरी निजी होती है। यह मेरी आत्मिक प्यास बुझाती है। इसका लेना-देना बस मुझसे से है, वहीं अभिव्यक्ति से मैं दुनिया से जुड़ता हूँ। अपने भावों को प्रकट करता हूँ। अपना बाहरी संसार बनाता हूँ। जब बात मेरी मुझसे है, तब मुझे किसी सहारे की जरूरत नहीं लेकिन जब बात मेरी औरों से है, तब मुझे कुछ तो चाहिए। तो मैंने चित्रों, प्रतीकों, आवाजों, शब्दों और फिर वाक्यों को ईजाद किया, इनका सहारा लिया। वैसे ही जैसे मैंने पानी को पानी कहना शुरू किया। यह शब्द मेरी प्यास नहीं बुझा सकता, उसके लिए तो मुझे सचमुच पानी ही चाहिए लेकिन इस शब्द के जरिए मैं कह सकता हूँ कि मुझे प्यास लगी है।

तकलीफ यही है कि मेरा सारा ध्यान इस पर है कि प्यास लगी है। मुझे कोई भी अनुभव हुआ है तो मैं उसे कहूँगा कैसे और इस फेर में मैं अपनी प्यास और उसके बाद मिलने वाली तृप्ति, दोनों से ही बहुत दूर हो जाता हूँ।

और क्यों सोचता हूँ मैं इतना?

क्योंकि मैं ही तो हूँ जो सोच सकता हूँ। प्रकृति ने कल्पना की भेंट मुझे ही तो दी है। मैं इसके सहारे जब चाहूँ काल के पार जा सकता हूँ। यही तो वह बात है जो मुझे औरों से श्रेष्ठ बनाती है। मैंने सपने देख अपने भविष्य को सँवारा है। अतीत के अनुभवों से आज को बेहतर बनाया है। यह उन्नति, इतने आविष्कार, इतना ज्ञान! अध्यात्म, धर्म, विज्ञान; ये सब मेरे सोच पाने के ही तो बदौलत हैं। मैंने पहले ही दिन से जाना है कि मेरी सारी उलझनों का हल सोचने-विचारने से ही है। सोच पाना तो जैसे मेरे होने का पर्याय ही है। देकार्त ने चाहे जिन सनदर्भों में कहा हो, मैंने अक्षरशः माना है कि "मैं सोचता हूँ, अतेव मैं हूँ।"

इसलिए मैंने अपने सोचने को स्वीकृति दे रखी है, इस हद तक कि उससे पहले मैं यह भी नहीं सोचता कि इस पर मुझे सोचना भी है या नहीं। और यह कोई आज की बात नहीं है, मानव होने के पहले दिन से मैं ऐसा कर रहा हूँ। मेरे मन को आदत पड़ चुकी है इसकी। कोई भी बात मेरे सामने आए जिस पर मैं सोच सकता हूँ, तो बिना एक क्षण गवायें मैं सोचने लगता हूँ; शायद इसी लिए मुझे 'मानव' नाम मिला।

तो, मेरी त्रासदी की वजह है मेरे मन की 'बिना सोचे सोचते चले जाना' की आदत।

अच्छा! तो इसलिए पतंजलि ने चित्त की वृत्ति, मन की आदत को कहीं दोष नहीं दिया। मन में विचार तो उठेंगे, यह उसका स्वभाव है, जो रहेगा। मूल स्वभाव किसी का भी नहीं बदल सकता, मन का भी नहीं, पर हाँ, उसे अनुशासित जरूर किया जा सकता है। चित्त की वृत्ति का निरोध जरूर किया जा सकता है। अपने आपको उसके साथ हर समय बहते से जरूर रोक सकते हैं।

और जब हम बहेंगे नहीं, अपने आपको खोएँगे नहीं तब हम इस क्षण में उपस्थित होंगे, अपने अनुभवों से एकरूप होंगे। हमारे अनुभव हमारे होंगे।

अपने आपसे इसी जुड़ने को उन्होंने 'योग' कहा।

योगश्चित्तवृत्ति निरोधः —चित्त की वृत्ति का निरोध ही योग है।

यह सारी बात पता चली विचारों को देखने से। मैं इन्हें देखने लगा और ये मुझसे अलग हो गए। अब मैं बिना सोचे इन्हें नहीं सोच रहा था। मतलब मेरी त्रासदी की वजह यदि बिना सोचे सोचते चले जाना थी, तो उसका हल 'देखने' में था। अरे! तो यह देखने का अभ्यास ही ध्यान है। ठीक ही कहते हैं डॉ. अभय बंग, अपने आध्यात्मिक यात्रा-वृतान्त 'हृदय रोग से मुक्ति' में, "ध्यान, यह एकाग्रता की साधना नहीं, निर्विचार अवस्था की साधना भी नहीं। साक्षात्कार की तो बिलकुल नहीं। वह तो निर्विकार रूप से देखने की कला का अभ्यास भर है।"

आपने ध्यान का अभ्यास कभी किसी के निर्देशन में किया हो या किसी और को करते देखा हो तो जरूर सुना होगा, 'विचार आते हैं तो उन्हें आने दीजिए, आप बस उन्हें देखते रहिए, वे जैसे आए हैं वैसे ही चले जाएँगे' या इसी तरह का कुछ।

यानी अपने विचारों के प्रति सजग रहने का अभ्यास है ध्यान।

आप आँखे बन्द कर एक जगह बैठते हैं तो अपने विचारों को देखना आपके लिए सहज होता है। अपनी साँसों को आते-जाते महसूस करना आपके मन और शरीर को जोड़ता है क्योंकि प्राण ही तो सेतु हैं इनके बीच का।

और फिर धीरे-धीरे आपका यह अभ्यास आपको बाकी के दिन में भी यही तटस्थता देने लगता है। आप हर क्षण में ज्यादा उपस्थित रहने लगते हैं।

हर क्षण अधिक सम्भावना और सुन्दरता के साथ घटने लगता है।

अपने से बात

आदमी जो होता है उससे नहीं,
बल्कि जो होता है उस पर अपनी राय से व्याकुल है।

—**एपिक्टीटस**, *द ऐनकाईरिडियन*

सड़क पर दुर्घटना से बचने के लिए यह तो जरूरी है ही कि हम गाड़ी ढंग से चलाएँ लेकिन उतना ही जरूरी है कि हम गलत चलाने वालों से अपने आपको बचाएँ भी। ध्यान ने हमें देखना सीखा दिया, सोचना सीखा दिया लेकिन कोई और क्या करता है यह तो तब भी हमारे हाथ में नहीं न! और दैनिक व्यवहार में तब हमें कोई-न-कोई प्रतिक्रिया तो देनी ही होती है। किसी ने कुछ कहा है, कुछ किया है तो आपको भी उसका जवाब देना होगा, रोज कुछ नया घट रहा है उसका सामना करना होगा।

और जब भी इनमें से कोई बात हम सम्भाल नहीं पाते तब दुर्घटना घट जाती है। हम वह कर बैठते हैं जो हम करना नहीं चाहते और उसके बाद या तो अफसोस मनाते रहते हैं या अपने ही तर्कों से अपने को सांत्वना देते रहते हैं कि ऐसे में मैं और आखिर क्या करता!

लेकिन चाहे जो हो, दुर्घटना, दुर्घटना है और होगी तो पीड़ा भी हमें ही देकर जाएगी, इसलिए जरूरी है अपने विचारों में नहीं उलझने के साथ ऐसी बातों के वक्त भी अपने आपको सम्भाले रखना।

ध्यान के साथ अप्रभावित रहने की कला को भी सीखना।

लेकिन यह कैसे सम्भव है? आप अप्रभावित रह प्रतिक्रिया कर ही कैसे सकते हैं? अलबत्ता आप प्रभावित होते हैं तभी तो प्रतिक्रिया करते हैं। वस्तु गर्म पहले लगती है और आप हाथ बाद में हटाते हैं। यदि हम अप्रभावित रहेंगे

तो हमारा व्यवहार अगले के व्यवहार के अनुकूल कैसे होगा? कोई हमारा नुकसान कर रहा होगा तो हम अपना बचाव कैसे करेंगे? वस्तु के गर्म होने से अप्रभावित रहना तो हमारा हाथ जला देगा!

ऐसे में तो लगता है कि यह 'अप्रभावित' रहना ही गलत होगा!

पर रोज-रोज किसी-न-किसी बात पर किसी और की वजह से यह जो 'मूड' खराब होकर जो हमारा दिन व्यर्थ होता है उससे तो फिर यही लगता है कि अच्छा हो हमें किसी बात का कोई फर्क ही न पड़े, तभी शायद सुकून से जीया जा सकता है!

मुझे लगने लगा था जैसे मैं 'पहले मुर्गी हुई थी या पहले अंडा' वाली गुत्थी सुलझा रहा हूँ। और ऐसे में हाथ लगना भी क्या था! पर यह निश्चित था कि जो भी हम ध्यान से पाते हैं, वह ऐसे ही किसी कारण से खोते चले जाते हैं। फिर कहीं से याद आया इपिक्टीटस का यह उद्धरण, "आदमी जो होता है उससे नहीं, बल्कि जो होता है उस पर अपनी राय से व्याकुल है", जिसे मैं वर्षों पहले 'विजडम ऑफ द एजेज' में पढ़ चुका था लेकिन बात तब इतनी समझ में आई थी कि कुछ भी होता है उसे हम अपनी ही नजर से देख अपनी एकतरफा राय बना लेते हैं और बेवजह परेशान हो उठते हैं। हमारी परेशानी की वजह जो कुछ हुआ है वह नहीं, उसके बारे में बनाई हमारी अपनी राय होती है। हमें सही नतीजों पर पहुँचना है तो चीजों को जो है उसी परिपेक्ष्य में देखना, सोचना और समझना होगा।

लेकिन कैसे हमारी राय, हमारी प्रतिक्रिया का कारण बनती है और क्या इन सब के बीच मैं भी कुछ कर सकता हूँ? इस ओर तब मैं जा ही नहीं पाया था और आज वही प्रश्न मेरी ओर देख रहा था।

उत्तर हमेशा हमारे आस-पास होते हैं, बस हम ही प्रश्नों का सामना नहीं करते। इसीलिए कहूँगा, ये महज संयोग नहीं था कि इसी दरमियान मैं 'हृदय रोग से मुक्ति' पढ़ते-पढ़ते उस जगह तक पहुँचा था जहाँ डॉ. अभय बंग, एल्बर्ट एलिस की 'रेशनल इमोटिव थैरेपी' की बात कर रहे थे। इसके अनुसार हमारी अपने से की गई बातें ही हमारी मनोस्थिति बनाती है और यह मनोस्थिति हमारी प्रतिक्रिया; और जो कुछ असल में घटा होता है, वह तो कहीं पीछे छूट जाता है।

जब भी कुछ होता है तब सबसे पहले हम उस अनुभव को शब्दों में ढालते हैं, उसे लेकर अपने आपसे कुछ कहते हैं। यह अपने आप से कहा

गया पहला वाक्य नींव होता है हमारी अपने से बातचीत का, 'सेल्फ टॉक' का। जैसा हमारा पहला वाक्य होता है वैसी ही हमारी अपने से बातचीत होने लगती है और जैसी बात होती चली जाती है, वैसी ही हमारी मनोस्थिति बनने लगती है। कभी तुरन्त तो कभी वक्त से यह मनोस्थिति अपना आकार ले लेती है और वैसी ही हम प्रतिक्रिया कर बैठते हैं। इस तरह वे बातें जो हमारा दिन खराब कर देती हैं, उनके पीछे जो कुछ घटा वो नहीं होता बल्कि उसे लेकर हमारी अपने से की गई बातचीत होती है।

और इन सारी बातों के साथ में, मैं यह जानकार आश्चर्यचकित था कि एल्बर्ट एलिस की यह थैरेपी इपिक्टीटस के विचारों पर ही आधारित थी जिसके सहारे मैं अपने प्रश्न का जवाब ढूँढ़ने निकला था।

क्यों ढालते हैं हम अनुभवों को शब्दों में?

इसलिए कि हमें अपनी प्रतिक्रिया देनी होती है। किसी को हाँ या न कहना होता है। चूँकि ऐसा करने के लिए हमें शब्दों की जरूरत होती है, इसीलिए हम अपने अनुभवों को शब्दों में ढाल और फिर अपने से बात कर उस वाक्य तक पहुँचने की कोशिश करने में लग जाते हैं, जो हमारा जवाब बने।

इस सारी बात को क्रोध के जरिए समझा जाए तो बड़ी आसानी होगी, क्योंकि हम सब चाहते हैं नहीं करना लेकिन कुछ-न-कुछ हो ही जाता है कि यह आ जाता है। कल्पना कीजिए, आपसे किसी ने ऐसा कुछ कहा जो आपको चुभा। आप आहत हुए। ऐसा होते ही क्या हुआ? हमारे अनुभवों को शब्दों में ढालने की आदत ने इसे लपका और आपने अपने आप से कुछ कहा; जैसे, 'समझता क्या है यह अपने आपको?' या 'ये तो कोई बात नहीं हुई?' बस, सिरा मिल जाता है हमें अपने से बात करने का। और हम शुरू हो जाते हैं,—ये हमेशा ही ऐसा करता है, बस बहुत हुआ, मैं नहीं सहन करूँगा अब और...इस तरह बात कहाँ से कहाँ पहुँच जाती है। यह बिलकुल एक स्नोबॉल की तरह होता है। बर्फ का एक ढेला लुढ़कते-लुढ़कते इतना बड़ा आकार ले लेता है कि फिर जो इसकी चपेट में आए उसका विनाश कर बैठता है। हम क्रोध में अक्सर ऐसा ही कुछ कह या कर बैठते हैं जैसी असल में कोई बात ही नहीं थी।

तो जो कुछ हुआ उसमें बड़ा हाथ हमारी अपने से बातचीत का था, न कि उसका जो असल में घटा था। यही तो इपीक्टीटस कह रहे हैं, "आदमी जो होता है उससे नहीं, बल्कि जो होता है उस पर अपनी राय से व्याकुल है।"

तो उपाय क्या?

यही कि हम अपनी राय बदल लें। जो कुछ घटता है, उसे अपने शब्दों में ढालने के प्रति सजग हो जाएँ। समझकर ही अपने आप से कुछ कहें। तब वैसी ही हमारी अपने से बात होगी और वैसी ही प्रतिक्रिया। जैसे यह कहने की बजाय कि 'समझता क्या है ये अपने आपको?' ये कह दें कि 'कब समझेगा ये!' या 'भाई, इससे तो दूरी ही भली।' तो निश्चित ही परिदृश्य बदल जाएगा।

ऐसा भी नहीं कि ऐसी सारी प्रतिक्रियाओं से हम बचने की कोशिश नहीं करते? कोशिश नहीं करते कि हमें क्रोध न आए? बिलकुल करते हैं लेकिन शायद हम अपने से कहे जाने वाले वाक्य को बदलने की बजाय अपनी भावनाओं को दबाने की कोशिश करने लग जाते हैं। हम स्नोबॉल को बनने देते हैं और उसके लुढ़कने को अपने हाथों से रोकने लगते हैं। शुरू में वह छोटी होती है फिर भी रुकती तो नहीं, हाँ, उसकी गति धीमी जरूर हो जाती है। लेकिन कुछ ही देर में वह बड़ी होकर हमारी शक्ति से बाहर हो जाती है और हम ही पर से गुजर जाती है। हम क्रोध को दबाते हैं, नहीं होने का उपाय नहीं करते।

इसके साथ यह समझना भी जरूरी है कि हमें हर बात का जवाब नहीं देना होता। कुछ बातें बिना जवाब बेहतर सुलझती हैं। तो जिनका जवाब देना ही नहीं है, जिन अनुभवों के एवज में कुछ करना ही नहीं है, उन्हें हम बेवजह शब्दों में क्यूँ ढालें? क्यूँ उन्हें लेकर अपने आप से बात करने लगे और थकें।

यानी हम अपने से क्या बात करने लगते हैं, इसका तो ध्यान रखें ही। इसका भी ध्यान रखें कि किस बात पर मुझे अपने आप से बात करनी है।

यहाँ आकर महसूस कर रहा था कि कितना कम आँक रहा था मैं अपने से की जाने वाली बातों को, स्वगत-वार्ता को। सबसे पहले जब छठी पायदान पर मैं विचारों से जीवन बदलने को खंगाल रहा था तब मैंने पाया था, हमारा अवचेतन मन किस तरह एक बैरे की तरह हमारे कुछ कहने भर के इन्तजार में रहता है। वह वही लाता है 'जो हम कहते हैं' इसलिए जरूरी है, इस बारे में सतर्क रहना कि हम उससे क्या कहते हैं।

फिर पिछली यानी पन्द्रहवीं पायदान पर ही हमने देखा कि किस तरह हमारा हर क्षण अपने से बिना सोचे-समझे, कुछ भी बात करने में मशगूल

होना हमारे अस्त-व्यस्त मन की वजह है, जो हमारे निर्णयों को कमजोर बना हमें सफलता से दूर कर देता है। और अब दूसरों के साथ हमारा व्यवहार, जो निर्भर करता है इस बात पर कि उनके साथ हुए अनुभवों को हम शब्दों में ढाल अपने आप से क्या कहते हैं!

आपकी पहली प्राथमिकता हैं आप, क्योंकि आप ठीक होंगे तभी अपनों के लिए उपलब्ध होंगे और आप ठीक तब होंगे जब आप अपने से अच्छे से बात कर रहे होंगे।

इसलिए बहुत जरूरी है ख्याल रखना कि आप अपने से किस पर और क्या बात कर रहे हैं!

कसरतें

व्यक्ति के आलिंगन जितना पेड़ एक अंकुर से पनपता है,
एक नौ मंजिला इमारत एक ईंट से प्रारम्भ होती है,
और हजारों मील यात्रा की शुरुआत एक कदम से होती है।

—**लाओत्से,** *ताओ ते चिंग* (सूत्र-64)

आप किसी की बात से आहत हुए, अब आप अपने आप से कुछ कहेंगे लेकिन अब आप इसे लेकर सजग हैं। हर बार की तरह आप नहीं चाहते कि, 'बहुत हुआ!', 'अब नहीं सहूँगा!' जैसी बातें कर आप इसे भावनाओं की स्नोबॉल बनने दें। आप बस इस बात को जितनी है उतना ही रहने देंगे और वैसा ही कुछ अपने आप से कहेंगे।

जैसे 'ये समझता ही नहीं' या 'अब इसे कौन समझाए!'

यही तो पाया था हमने।

पर यह तो उस समय सूझता ही नहीं!

और संयोग से सूझ भी जाए और हम चाहें भी तो भी हमारा आवेग इस ओर हमें जाने ही नहीं देता। वह हम से तर्क करने लगता है,—ऐसे कैसे और कुछ समझ लूँ जबकि साफ दिख रहा है? और जो साफ दिख रहा है, उसे कुछ और कैसे मान लूँ?

वह यानी हमारा 'अहं'; आखिर वही तो आहत हुआ होता है।

और कुछ ही क्षणों में हम अपनी वह सजगता खोकर अपने से वही कह बैठते हैं, जो आज तक कहते आए हैं।

इस तरह जानते-बूझते हम अपनी मनोस्थिति और उससे उपजने वाली हमारी प्रतिक्रिया नहीं बदल पाते।

इसी तरह रोजमर्रा की ऐसी स्थितियाँ जिनमें हम समझ नहीं पाते कि हम क्या करें, किधर जाएँ; एक तरह की बेबसी। ये घटनाएँ हर बार मन को अपने कमतर होने के भाव से भर देती हैं और हम किसी के कुछ कहने, करने से कहीं अधिक गहरे अपने आपको आहत हुआ पाते हैं।

ऐसे में अव्वल तो सजग रहना ही मुश्किल और कोई रह भी पाए तो अपने से बातचीत के उस पहले वाक्य को बदल पाना तो और भी मुश्किल।

कभी कुछ, कभी कुछ ऐसा जब मेरे साथ होने लगा तब मुझे लगा बीच में कोई कड़ी और है।

कुछ है, जो मुझसे छूट रहा है।

अब एक तरफ तो मैं था और दूसरी तरफ वह घटना जिसने मुझे आहत किया था।

तो, सिरा 'आहत होना' ही था जिससे उस कड़ी को खोजा जा सकता था।

इस सिरे को पकड़ तब मैं सोचने लगा कि घटना को तो मैं बदल नहीं सकता लेकिन क्या मैं ऐसा कुछ कर सकता था कि मैं आहत होता ही नहीं और होता तो भी इतना नहीं कि मेरा आवेग मुझे लाचार बना देता।

इसके लिए जरूरी था यह सोचना कि मैं कैसी घटनाओं से आहत हो जाता हूँ। अपने मन में मैं उनकी एक लिस्ट बनाने लगा और जैसे-जैसे वह लिस्ट बनती जा रही थी, मुझे उनमें एक पैटर्न साफ दिखाई दे रहा था।

ये सारी वे बातें थी, जिन्हें सम्भालने में मैं सहज नहीं था, वे मेरे लिए मुश्किल थीं। मेरी मुसीबतें।

वे बातें मेरी उन कमियों को उघाड़ रही थीं, जिन्हें लेकर मैं असहाय महसूस कर रहा था, जिन्हें सोचकर मुझे लगता था कि मैं इन्हें नहीं कर पाऊँगा और इसीलिए मुझे आहत कर रही थीं जैसे अपने काम में अचानक पैदा हुई ऐसी स्थिति जो मुझसे किसी ऐसे हुनर की माँग कर रही हो जिसे मैंने पहले कभी आजमाया ही नहीं या कोई ऐसी घटना जिससे मेरा पहले कभी वास्ता नहीं पड़ा।

यानी उनके लिए मेरे पास आत्म-विश्वास की कमी थी।

और मुझे इसके साथ यह भी समझ आया कि मेरे मन में उठने वाले अनवरत विचारों में मेरी इन मुश्किलों की, इन मुसीबतों की भरमार थी। ध्यान ने

इन विचारों की अनियंत्रित आवाजाही पर रोक लगा दी थी और स्वगत वार्ता कैसे काम करती है, ने मुझे यह भी सीखा दिया था कि कैसे मैं इन मुश्किलों को जितनी है उतना ही बनाए रख सकता हूँ लेकिन इनका स्थायी समाधान इन मुसीबतों से निपटने में ही था।

और इसके लिए मुझे जरूरत थी तो इनके लिए मेरे मन में आत्मविश्वास की।

तो जो होता है वो मुझे आहत न करे, दूसरों का व्यवहार और बदलती परिस्थितियाँ मुझे कम विचलित करें इसके लिए जरूरी है कि हम अपनी स्वगत-वार्ता यानी 'सेल्फ-टॉक' के प्रति सजग रहने के साथ अपने आत्मविश्वास पर भी उतना ही काम करें।

पर आत्म-विश्वास पर काम करना!

आत्म-विश्वास का तो अर्थ ही हुआ अपने आत्म पर विश्वास। आत्म यानी 'मैं' और मैं कौन?, ईश्वर की स्वतंत्र भौतिक अभिव्यक्ति। तो, अपने पर विश्वास रखना यानी उस ईश्वर पर विश्वास रखना, क्योंकि मैं उसी का अंश हूँ। मैं उसी समुद्र की बूँद हूँ। मुझे वही हासिल है जो, उस समुद्र को हासिल है। और जब ऐसा है तो मेरे लिए कोई भी बात मुश्किल या मेरे जीवन में कोई भी मुसीबत हो ही कैसे सकती है!

बिल्कुल ठीक लेकिन यह बात समझने की है कि मैं हासिल कर सकता हूँ, मुश्किलों से पार पा सकता हूँ। इसका मतलब यह कतई नहीं कि आप में कुछ कमियाँ नहीं या आपकी जिन्दगी में कोई मुश्किलें नहीं। वे हैं, वे होंगी और सब में होंगी। इसीलिए तो हम आए हैं, अपनी कमियों से पार पाने। इसीलिए तो वे घटनाएँ घटती हैं जो हमारी कमियों को हमारे सामने लाकर रख देती हैं। इसीलिए तो आप आहत हुए।

उस आवेग को रोकना नहीं, अपनी ऊर्जा बनाना होगा, उसे सही दिशा देनी होगी।

लेकिन आप पहले दिन रेस नहीं जीत सकते। उसकी शुरुआत होगी दौड़ने के अभ्यास से, नियमित व्यायाम से। धीरे-धीरे आप मुकाबले के लिए तैयार होंगे और एक दिन आप रेस जीत जाएँगे।

ठीक इसी तरह हमें उन बातों से, उन स्थितियों से पार पाना होगा जो हमें आहत कर जाती हैं।

यूँ देखों तो यह हमारा पाठ्यक्रम है कि अब हमें पढ़ना क्या है!

इसका एक तरीका तो है कि हम अपनी एक-एक बात पर काम करते जाएँ, एक-एक बीमारी से लड़ते चले जाएँ और स्वयं को स्वस्थ रख लें और दूसरा तरीका है, हम अपने आपको इतना मजबूत बना लें, अपनी प्रतिरोधक क्षमता को ही इतना बढ़ा लें कि आपको बीमारी हो ही न।

काम दोनों तरह से हो सकता है लेकिन मुझे दूसरा वाला तरीका ज्यादा ठीक लगता है।

तो अपने आत्मविश्वास पर इस तरीके से काम करने के लिए हमें शुरुआत जिन्दगी की छोटी-छोटी जिम्मेदारियों को उठाने से करनी होगी। अपने सुरक्षा-घेरे यानी 'कम्फर्ट-जोन' से बाहर आना होगा। दिनचर्या में ऐसे कामों को शामिल करना होगा, जो अन्यथा हम नहीं करते लेकिन हैं हमारे लिए बहुत जरूरी। चाहे वे दिखने में बहुत मामूली हों, जिन्हें देखकर लगता भी हो कि मैं इन्हें कर लूँगा लेकिन मन में एक हिचक हो।

यही वह कसरतें हैं जो आत्मविश्वास की मांसपेशियों को गठीला बना देंगी।

उस दिन मैं सेन्ट्रल-पार्क से घूमकर निकला तो कार फिर पंक्चर थी। यह हफ्ते में दूसरी दफे था। पहली बार तो मुझे पास ही खड़ा साइकिल रिक्शा मिल गया था। मैं गया और मिस्त्री को साथ बिठा लाया था, पर आज तो घूमने ही मैं देरी से आया था। दिन चढ़ना शुरू हो गया था और आस-पास मुझे कोई जुगाड़ भी नजर नहीं आ रहा था। मन में लाचारी और झुँझलाहट छाने लगी थी कि अचानक न जाने कहाँ से लगा कि 'क्या है?' एक टायर ही तो बदलना है, नहीं किया हुआ है तो क्या हुआ, आता तो है ही!

और मैं शुरू हो गया। मेरे शरीर की एक प्रकृति है, मैं जब भी शरीर से मेहनत करने लगता हूँ तब मुझे थकान से न जाने कितने गुणा पसीना आने लगता है; इतना कि देखने वाले को दया आ जाए। कुछ ही देर में कई चेहरे जो मुझे रोज दीखते थे आ-आकर पूछने लगे, 'क्या हम कोई मदद कर सकते हैं?' लेकिन अब तो जो करना था मुझे ही करना था।

और दस मिनट में हो गया लेकिन जब मैं खड़ा हुआ तो इतने आत्म-विश्वास से भरा था जैसे मैंने कलिंग विजय कर ली हो। मैं जानता था कि मैंने कोई ऐसा तीर नहीं मार लिया लेकिन मैंने कभी यह भी नहीं सोचा था कि कार

का एक टायर बदलना ये जादू कर सकता है। मैं उस समय 'मैं कर सकता हूँ' की भावना से भरा हुआ था।

और मुझे ठीक से याद है कि वह कुछ दिन बहुत उत्साह वाले बीते। मैंने कई ऐसे काम किए जिन्हें लेकर मैं कई दिनों से अनमना था और यह भी लगा कि मैं बेवजह ही इतना सोच रहा था, वे तो कुछ थे ही नहीं।

ऐसी ही रोजमर्रा जिन्दगी की छोटी-छोटी जिम्मेदारियों को उठाने की आदत डालनी होगी। ऐसा करना हमें 'मैं कर सकता हूँ' की भावना से भरा रखेगा। और जब मन में यह भावना भरी होगी, तो जो कुछ घटता है उसके बारे में अपनी राय बदलने में हमें आसानी होगी; बिलकुल वैसे ही जैसे एक ताकतवर के लिए माफ़ करना आसान होता है।

अरे! यही तो है 'आत्म-निर्भर' जीवन-शैली। आत्मनिर्भरता का मतलब जो आम तौर पर समझा जाता है, व्यक्ति इतना सक्षम हो जाए कि वह अपनी जरूरतों को खरीद पाए, गलत था। आत्म-निर्भरता का मतलब तो हुआ, मैं अपनी जरूरतों को स्वयं पूरा करने के काबिल हो जाऊँ। मुझे किसी काम के लिए किसी का मुँह न देखना पड़े, फिर चाहे मैं उन्हें करूँ या न करूँ। मैं अपनी प्राथमिकताएँ चुनूँ और बाकी के लिए किसी की सेवाएँ ले लूँ लेकिन वे सेवाएँ-सुविधाएँ मुझे उपलब्ध न हो तो मन में लाचारी-झुँझलाहट न छाने लगे।

इस जीवन-शैली को पाने के लिए आपको अपनी दिनचर्या में एक छलनी लगानी होगी। उन बातों को अपनी जिन्दगी से निकाल बाहर करना होगा जिनके लिए आप किसी और पर इतने आश्रित हैं कि उनका इनकार आपको खीझ और झुँझलाहट से भर देगा। और यदि उन्हें नहीं निकाल सकते तो उन्हें सीखना होगा! इसलिए नहीं कि सब कुछ आप ही करेंगे बल्कि इसलिए कि किसी का भी इनकार अब आपको आहत नहीं करेगा।

आपको आत्म-निर्भर बनना होगा।

भरोसा रखिए

जैसे आँखों में आँसू लिए
बच्चे अपने टूटे खिलौने ठीक करने को लेकर आते हैं,
वैसे ही मैं गया भगवान के पास
अपने टूटे सपनों को लेकर क्योंकि वो मेरा दोस्त था।
लेकिन बजाय शान्ति से काम करने को
उन्हें अकेला छोड़ने
मैं मँडराता रहा उनकी मदद करने को
उन तरीकों से जो मैं जानता था।
आखिर मैंने उन्हें उनसे छीन लिया और बोला रोते हुए,
"तुम इतने धीमे कैसे हो सकते हो?"
"पुत्र, मैं क्या करता?
तुमने कभी उन्हें पूरी तरह मुझे सौंपा ही नहीं।"

—लॉरेटा बर्न्स

और कुछ बातें उस पर छोड़नी ही होती हैं। वे आज की हैं ही नहीं तो आप क्या कर लेंगे! न आपकी सजगता काम आएगी, न ध्यान और न ही आत्मविश्वास। काम आएगा तो आपका भरोसा। किस पर?, उस पर। और यह 'उस' कौन?, समय, प्रकृति या ईश्वर, जो कह लीजिए। इन्हीं बातों को लॉरेंटा बर्न्स ने 'सपने' कहा है जिनके लिए हम सब को अपने मन में भरोसा रखना है। सपने, यानी जो भविष्य में रहते हैं। सपने, यानी सम्भावनाओं के साकार होने की कल्पना।

इस तरह के सपने हमें रास्ते का नक्शा देते हैं इसलिए निश्चित ही ये देखने चाहिए। पर उस दुश्मन का क्या करें जो हमारे ही अन्दर बैठा है। हर क्षण ताक में है कि हम कुछ अपना भला न कर लें, कहीं सही राह न

पकड़ लें, अपना होना न पा लें, —और वह है हमारा अहंकार। वह हमारे सपनों पर प्रश्न खड़े कर-करके उन्हें सनदेह के घेरे में ला खड़ा करता है और हमारे सपने न जाने कब हमारी चिन्ताओं में तब्दील हो जाते हैं, हमें पता ही नहीं चलता।

और उन्हीं चिन्ताओं का इलाज है उन्हें उस पर छोड़ देना और भरोसे के साथ प्रतीक्षा करना। यदि ऐसा किया, चाहे किसी ने भी, तो उसकी प्रतीक्षा सफल होगी ही क्योंकि जिस पर आपने अपने सपनों को छोड़ा है, उसे सब पता है। वह उन्हें पूरे करने के सारे तरीके जानता है। पर, समय तो उसे भी देना होगा। उसकी बात भी माननी होगी और जैसा-जैसा वह सुझाता जाए, वैसे-वैसे वह-वह करते भी चले जाना होगा।

और यह तब ही होगा जब हम अपना समय और ऊर्जा चिन्ता करने में न गुजारने लग जाएँ। ऐसा कर हम अनजाने ही सही उसकी काबिलियत पर सनदेह कर रहे होते हैं, वैसे ही जैसे बच्चे हमसे खिलौना छीन लेते हैं, 'आप से नहीं होगा! आप तो सुन ही नहीं रहे हैं। मैं कह रहा हूँ न ऐसे नहीं वैसे करो।' अब उन्हें हम कैसे कहें, 'बेटा, तुझसे नहीं हुआ तभी तो तू मेरे पास आया। और तुझसे हो भी नहीं सकता था! तुझसे नहीं होने में कुछ गलत भी नहीं, अभी तू बहुत छोटा है लेकिन मुझे करने तो दे। थोड़ा समय तो दे!' क्योंकि ऐसा कहा तो वैसे ही तो उसका मन खराब है, और खराब हो जाएगा। और वह हम क्या कोई भी 'पिता' नहीं चाह सकता!

हो उससे भी नहीं पाता, रो-धोकर फिर दूसरी बात में लग जाता है, जैसे हम अपने एक सपने को छोड़ दूसरे सपने को पूरा करने में लग जाते हैं। ऐसे में समस्या सपनों के बदल जाने की नहीं बल्कि इस बात की है कि हर बार हम यह इकट्ठा करते चले जाते हैं कि हमसे क्या-क्या नहीं हो सकता और हर नए सपने को देखने से पहले उसमें उसका गुणा-भाग देने लगते हैं। हर बार हम अपने को थोड़ा और सीमित कर लेते हैं और इस तरह हर बार हमारे सपने भी थोड़े और सिकुड़ते जाते हैं; जबकि बात कभी यह थी ही नहीं! हम कभी सीमित थे ही नहीं। हम सीमित हो भी नहीं सकते क्योंकि हम तो हैं ही अंश असीमित का। असीमित का अंश सीमित हो ही नहीं सकता। सीमित का अंश सीमित होगा और असीमित का असीमित। जैसे, खून की एक बूँद का भी वही गुणधर्म होगा जो हमारे शरीर के सारे खून का है।

उस असीमित को मुझे ऊर्जा कहना ज्यादा स्पष्ट करता हुआ लगता है। जैसे ऊर्जा अपना प्रवाह, अपना रास्ता स्वयं बनाते चली जाती है। बस, देनी होती है उसे तो एक दिशा। ऊर्जा के इस प्रवाह के सामने कोई रूकावट ठहर ही नहीं सकती। आती भी है तो उसका नष्ट होना निश्चित है। वैसे ही हमारे सपनों का पूरा होना निश्चित है, बशर्ते हम ही उसके प्रवाह को रोकें नहीं, उसकी दिशा को बार-बार बदलें नहीं। अपने सपनों को बदलें नहीं और पूरे भरोसे के साथ बढ़ते चले जाएँ।

कारागृह में देवकी को आठवाँ पुत्र हुआ था। यही था जो कंस से मुक्ति दिला सकता था लेकिन मेघ अपनी पर आए हुए थे। पूरी धरती जैसे जलमग्न हुई जा रही थी। शायद मेघ इतना खुश थे कि रुकना भूल गए थे। और इस बालक को यशोदा के पास पहुँचाना था। मथुरा और द्वारका के बीच नदी यूँ उफन रही थी जैसे चाँद को छू लेना चाहती हो। पर अचानक बेड़ियाँ अपने आप ही टूट गईं। कारागृह के दरवाजे खुल गए। प्रकृति वसुदेव को सुझा रही थी कि तुझे एक क्षण भी गवायें बिना रवाना हो जाना चाहिए। वसुदेव ने बात मान ली। एक बार भी प्रश्न नहीं किया कि इस बारिश में कैसे? कहाँ नदी का उफान और कहाँ एक पैदल मैं? इतनी ही अच्छी किस्मत होती तो आज तक मेरे साथ हुआ जो वह क्यूँ होता? इस बीच कंस आ गया या उसके पहरेदार ही उठ गए तो देवकी का क्या होगा? वे बस रवाना हो गए। और आप जानते ही हैं आगे क्या हुआ, रास्ता बनता चला गया।

यह प्रसंग कितना आराधना के लिए लिखा है वेदव्यास जी ने ये तो पता नहीं लेकिन एक बात को जरूर सिखाने के लिए लिखा है उन्होंने कि हम हमारा काम करें और उसे अपना करने दें और तभी वह हम से अभिव्यक्त हो पाएगा। नवजात कृष्ण भी तभी निश्चिन्त कर पाए थे वसुदेव को कि वे वही हैं जब वसुदेव उन्हें लेकर निकले और पानी ने रास्ता छोड़ दिया।

हम भी ऐसी सारी बातों को, जो हमारे हाथ नहीं, उस पर छोड़कर ही वह कर पाएँगे जो हम इस बार यहाँ करने आए हैं, क्योंकि तभी वह हमारे लिए कुछ कर पाएगा, हमारे से अभिव्यक्त हो पाएगा। उसका हमारे से अभिव्यक्त हो जाना ही तो है हमारे सपनों का साकार हो जाना है।

पर यह भाषा तो भक्ति की है, और हम तो यहाँ उसके पीछे का वि-ज्ञान समझने बैठे हैं। हमारे मन में वह भरोसा कैसे पैदा हो कि रास्तों

की अनदेखी बाधाओं को हम पार कर ही लेंगे? उस भरोसे का आधार कहाँ से लाएँ?

अध्यात्म का विज्ञान अन्तिम छोर से शुरू होता है। इसमें मानकर जानना पड़ता है। मानकर न मिले तो नकारने की आजादी है हमें लेकिन पहले तो मानना ही पड़ेगा। तो, मान लेते हैं कि वे बातें जो अनदेखी है, जिनका सम्बन्ध भविष्य से है, जिनका हम आज कुछ नहीं कर सकते उन्हें 'उस' पर छोड़ देना ही ठीक है। उनकी चिन्ता करना व्यर्थ है क्योंकि आज-अभी जो हमें करना चाहिए, यदि वह हम करते चले जा रहे हैं, तो समय के साथ हमें रास्ते भी मिलते चले जाएँगे!

बाधाएँ आएँगी तो उन्हें पार करने की बुद्धि भी मिलेगी और शक्ति भी।

कैसे?

चिन्ताओं और काम दोनों को समय और ऊर्जा की जरूरत होती है। चिन्ता का भार उतार देने पर वह समय और ऊर्जा भी काम को मिल जाती है। यानी अब हमारा सारा समय और हमारी सारी ऊर्जा हमारे काम को मिल रही होती है। हम अपने पूरे मन से काम कर रहे होते हैं। बाहर हम अपने कर्म से जुड़े होते हैं और अन्दर अपनी ऊर्जा से। इसे ही हम आपस में 'पूरे मनोयोग से काम करना' कहते हैं।

अब समय होता है लचीला और ऊर्जा होती है घनी।

लचीला ऐसे कि एक घंटे में मिनट चाहे साठ ही होते हों लेकिन कभी वे लगते हैं न जाने कितने लम्बे और कभी मालूम ही नहीं चलता। कभी उनमें एक ठेले भर का काम नहीं होता और कभी इतना कि हमें ही विश्वास नहीं होता। आइंस्टीन को जब किसी ने थ्योरी ऑफ रिलेटिविटी को आसान भाषा में समझाने को कहा तब उन्होंने बड़ा रोचक जवाब दिया था, "जब आप एक खूबसूरत लड़की के साथ प्रणय में होते हैं तब आपको एक घंटा एक सेकंड जितना लगता है और जब आप अधबुझे अंगारों पर बैठे हों तब एक सेकंड भी एक घंटे के समान लगता है।"

और ऊर्जा हो जाती है घनी। इसमें दो और दो, चार नहीं, बाईस होते हैं। यह जब इकट्ठा होती है तो शक्ति इसकी कई गुणा बढ़ जाती है। नदी की कलकल और उफान से या इलेक्ट्रिक पिन और मोबाइल चार्जर से इसे हम भली-भाँति जानते हैं।

तो जब भविष्य की बेवजह चिन्ताएँ नहीं रहतीं तब हमारे काम को मिलने वाला समय कई गुना लम्बा और ऊर्जा कई गुना घनी हो जाती है। ऐसा होने की वजह से वह काम हमारी स्वयं की आशाओं से सुन्दर बन पड़ता है। हम जो कर रहे होते हैं उसमें आश्चर्यजनक रूप से सफल होने लगते हैं। हमारे काम का अनूठापन अपने आप हमारे आगे के काम के लिए साधन जुटा देता है, जैसे एक सन्तुष्ट ग्राहक स्वतः दूसरे ग्राहक को दुकानदार तक खींच लाता है। हम फिर काम के अगले चरण को पूरे मनोयोग से और बढ़े हुए उत्साह के साथ करने में लग जाते हैं। इस तरह यह क्रम चलता ही चला जाता है। उन बाधाओं का उस व्यक्ति को कभी अहसास ही नहीं होता जिन्हें सोच-सोचकर या तो दूसरे घबरा रहे होते हैं या जिन्हें काम का हिस्सा समझकर उनसे जूझ रहे होते हैं। ऐसा नहीं कि वे उसके जीवन में आती नहीं लेकिन उसकी ऊर्जा से कब वे बाधाएँ साथ-ही-साथ मिटती चली जाती हैं उसे पता ही नहीं चलता।

आप कहेंगे, "इसमें 'उसने' क्या किया?"

यही बात तो समझने की है, ये 'उस' है भी 'यही क्षण' और रहता भी 'यहीं' हैं। चिन्ताओं को उस पर छोड़ने की बात इसलिए वरना हम उन्हें छोड़ेंगे नहीं। तर्क-वितर्क करने लगेंगे कि मेरी चिन्ताएँ और उनके लिए मेरी तैयारी करना सही और जरूरी है। इस तरह हम एक बार फिर अहंकार के जाल में होंगे। उन्हें उस पर छोड़कर ही हम जान पाते हैं कि चिन्ताएँ, वे सारी बातें जो आज-अभी हैं ही नहीं उन्हें अपना समय और ऊर्जा देना निरर्थक है, बेवजह है। वह 'उस' भी यहीं है और 'मैं' भी यहीं। और दोनों, जो एक ही हैं,—ऊर्जा; वह जिस तरह आज का ख्याल रख रहे हैं कल का भी रख लेंगे।

पानी अपना रास्ता खुद-ब-खुद छोड़ देगा, हम भरोसे के साथ निकल पड़ें, बस।

सन्तुष्ट हूँ कि और चाहिए

हम बस उतनी अच्छी चीज बनाना चाहते थे जितनी हम बना सकते थे। आप अगर दराजों वाली सुन्दर तिजोरी बनाने वाले बढ़ई हैं तो आप पीछे की तरफ प्लाईवुड का टुकड़ा नहीं लगाएँगे चाहे वो दीवार की तरफ रहेगा और उसे कभी कोई नहीं देखेगा। आपको मालूम है कि वो वहाँ है इसलिए आप पीछे भी वही सुन्दर लकड़ी लगाएँगे। रात में सुकून से सोना है तो सुरुचि और गुणवत्ता का खयाल आपको हर पल रखना होगा।

—स्टीव जॉब्स

प्लेबॉय पत्रिका को दिए गए एक साक्षात्कार में, 1985

ऐसा ही वह एक बढ़ई था जो हल बनाया करता था। पूरे राज्य में उसका कोई सानी नहीं था। फूलों की सुगन्ध की तरह उसकी प्रसिद्धि फैलती जा रही थी। उसके हलों का सनतुलन ऐसा होता कि वजन में भारी-भरकम होने के बावजूद खींचने में उतने ही आसान होते। हल के नुकीले सिरे पर लोहे की जुराब इतनी सफाई और मजबूती से लगी होती कि सालों साल मरम्मत की जरूरत नहीं पड़ती। एक दिन शाही बागबान उसके पास पहुँचा। कहने लगा, "हमें अपने आम के बगीचों के लिए करीब बीस हलों की जरूरत है। लेकिन, एक बात है! आप उन्हीं में से मेरे निजी उपयोग के लिए भी एक बना देना।" बढ़ई ने नजरों को ऊपर कर देखा। हाथों को विराम देते हुए बोला, "भाई! ये मुझसे नहीं हो पाएगा। मैं अपने ही किसी भी हल को कम अच्छा कैसे बना दूँ? और उन्हीं में से तुम्हारे लिए निकालने के लिए तो मुझे ऐसा ही कुछ करना पड़ेगा।"

तरह-तरह के प्रलोभनों से उसे समझाने की कोशिश की लेकिन उसके कान पर जूँ तक न रेंगी। हारकर बागबान को उसी की बात माननी पड़ी क्योंकि बढ़ई के हलों की खबर महल तक पहले ही पहुँच चुकी थी और यह उसके हाथ में ही नहीं था कि वह और किसी से हल बनवा ले।

कुछ दिनों बाद इसी तरह पड़ोसी राजा ने अपना नुमाइंदा उसके पास भेजा लेकिन शर्त इस बार अलग थी। पड़ोसी राजा चाहते थे कि उनके लिए हल कुछ ऐसे बनें जैसे किसी के पास न हों, उनके राजा से भी अच्छे। लेकिन बढ़ई महाशय का जवाब तो इस बार भी वैसा ही था, "भाई! जैसे हल मैं बनाता हूँ उससे बढ़िया मैं बना ही नहीं सकता। मैं हर हल उतना अच्छा बनाता हूँ जितना मैं बना सकता हूँ, फिर मैं आपके राजा के लिए ऐसा कुछ कैसे बना पाऊँगा?"

उस बढ़ई से सन्तुष्ट और कोई क्या होगा और उस बढ़ई से ज्यादा उन्नति भी कोई क्या कर रहा होगा! न काम की कमी, न अपने हलों की कीमत तय करने में यह दबाव कि कोई कितने में बेच रहा है। न ग्राहक की अनुचित शर्तें मानने को मजबूर, न ही अपने काम पर तेजी-मंदी का असर। और इन सब के बीच कोई उद्विग्नता, कोई बेचैनी नहीं कि मैं आगे कैसे बढ़ूँगा लेकिन आगे की यात्रा ज्यादा तेज और उतनी ही सहज भी जैसे कोई महात्मा तीर्थाटन करने के लिए गाता हुआ चल रहा हो।

क्या जो रास्ते का आनन्द ले रहा होता है, वह मंजिल तक नहीं पहुँचना चाहता? तो, फिर क्यों चाहिए हमें असन्तुष्टि उन्नति के लिए?

सन्तुष्ट होना और चाहना, ये बिलकुल दो अलग-अलग बातें हैं। ये जो मैं अभी लिख रहा हूँ, यह अपने आप में बहुत सन्तुष्टि देने वाला है। इसकी हर पायदान लिखना मेरी सोच को स्पष्ट करता चला जा रहा है, इसीलिए मैं कोशिश करता हूँ कि एक भी शब्द नाहक न हो लेकिन एक भी शब्द जिसकी जरूरत हो, न छूटे। लेकिन इसके साथ ही मैं यह भी चाहता हूँ कि यह एक सुन्दर किताब की शक्ल लेकर ज्यादा-से-ज्यादा हाथों में पहुँचे। ईश्वर करे उन्हें पसनद आए, मुझे मान्यता मिले और इसमें मैं कुछ गलत भी नहीं पाता।

सन्तुष्ट होना ठहरना भी नहीं, बल्कि इस क्षण को इतना भरपूर जीना है कि आने वाला हर क्षण और खूबसूरत बनता चला जाए। यह क्षण-दर-क्षण जिन्दगी

को खुशहाल बनाने की कला है। और ये सब समझना इसलिए जरूरी क्योंकि सारी बातों के बावजूद अगर हम यह मानते रहे कि आगे बढ़ने के लिए मन में थोड़ी असन्तुष्टि तो जरूरी है, तो हम कभी इन अभ्यासों को पूरे मन से अपना ही नहीं पाएँगे, जिनकी बात करते हुए हम यहाँ तक पहुँचे हैं।

सन्तुष्टि यदि ठहराव होती तो एक बार होती और हमेशा के लिए बनी रहती लेकिन ऐसा तो नहीं होता! सन्तुष्टि को बनाए रखने के लिए तो व्यक्ति को हर क्षण उद्यम करना पड़ता है बिलकुल रस्सी पर चल रही एक नटनी की तरह। हर हल को सुन्दरतम बनाना पड़ता है, लालच से दूर अपने व्यवहार के प्रति हमेशा सजग रहते हुए उसे सनतुलित रखना पड़ता है। भविष्य को समर्पित और अतीत को ताक पर रख वर्तमान को अपनी सारी ऊर्जा उपलब्ध करवानी होती है।

और असन्तुष्टि, वह तो लापरवाही की अनुमति देती है। जब असन्तुष्ट ही रहने वाला हूँ तो मेरे लिए मुश्किल हो जाता है अपना शत-प्रतिशत देना। मैं अपने काम, अपने व्यवहार में समझौते करने लगता हूँ।

जब एक बार ऐसा करने लगो तब कहाँ इल्म रहता है कि हम कितने करने लगे हैं। हर बार को अगली बार के लिए छोड़ने लगते हैं। लेकिन अगली बार भी तो हमें असन्तुष्टि चलेगी, क्योंकि हमने मान लिया है कि इसके बिना उन्नति सम्भव ही नहीं।

ऐसे काम और व्यवहार के क्या परिणाम मिलने थे!

इस तरह हम असन्तुष्टि को चुनते हैं और वह हमारे साथ हो लेती है। मैं हर क्षण रास्ते भर असन्तुष्ट रहता हूँ चाहे कुछ पा लूँ, क्योंकि ऐसा होना मैंने चुना होता है।

लियो टॉलस्टॉय कहते हैं, ऐसा ही एक किसान था, पाहोम। हमेशा उपजाऊ और मीठे पानी वाली जमीन की तलाश में रहता। अब तक न जाने कितनी जगह बदल चुका था। जैसे ही पता चलता वहाँ इससे अधिक उपजाऊ जमीन है, वहीं के लिए अपना बोरिया-बिस्तर बाँध लेता। इस तरह वह और, और अमीर होता चला जा रहा था। एक दिन कुछ यात्रियों से पता चला कि दूर-दराज एक आदिवासी इलाका है बिलकुल प्राकृतिक, अनछुआ और इसलिए सोच नहीं पाने जितना उपजाऊ। वह सपने देखने लगा, सबसे

अमीर किसान हो जाने के; इतना अमीर जिसके लिए कुछ भी खरीद पाना सम्भव होगा!

और आखिर उसने तय कर लिया कि वह वहाँ जाएगा लेकिन अकेला, परिवार के साथ नहीं, आखिर वो आदिवासी अनजान इलाका है। एक बार जाजम जम जाए फिर वह परिवार को भी लिवा लाएगा। उसने मौका देखकर पत्नी से बात की। पत्नी ने कहा, "क्या जरूरत है? हमारे पास सब कुछ तो है! और कितना चाहिए हमें?" पर लालच के नाक-कान-आँखें तो होती नहीं। उसने समझा उसने पत्नी को मना लिया।

वह खूब सारा धन और जरूरी सामान लेकर निकल पड़ा।

कई सप्ताहों की यात्रा कर वहाँ पहुँचा तो सचमुच वह इलाका जैसा सुना था वैसा ही था,—'यहाँ तो उसी मेहनत में कई-कई गुणा खेती हो जाएगी!' विश्राम कर तरोताजा हुआ और मुखिया से मिला; हजार स्वर्ण मुद्राएँ भेंट करते हुए उसने जमीन खरीदने की अनुमति माँगी। मुखिया ने शर्त रखते हुए कहा, "ठीक है! तुम सूर्योदय से लगा सूर्यास्त तक जितनी जमीन घेर पाओगे वो तुम्हारी होगी लेकिन वापस वहाँ नहीं पहुँच पाए जहाँ से शुरू हुए थे तो तुम्हें कुछ नहीं मिलेगा।" पाहोम मन-ही-मन मुस्कराते हुए सोचने लगा, कितने भोले हैं ये लोग! सुबह से शाम तक तो मैं इतनी जमीन घेर लूँगा जितनी इन्होंने सपने में भी नहीं सोची होगी।

दूसरे दिन पाहोम मेवे, थोड़ा और कुछ खाने का सामान और पानी लेकर सूर्योदय का इन्तजार कर रहा था और मुखिया सहित करीब-करीब पूरा गाँव देखने को इकट्ठा था। सूर्य की पहली किरण फूटी और उसने दौड़ लगानी शुरू की। पहले उसने पूर्व का रास्ता लिया, दस बजे के करीब दो मिनट के लिए पानी पीने को रुका होगा। फिर दौड़ा, थोड़ी देर बाद लगा यह तो दोपहर हो गई है। सूरज सिर पर है और छाया एकदम छोटी। अब उसने उत्तर का रुख किया, बीच में कुछ खाया और दौड़ता रहा। और तेज, और तेज! बस आज ही की तो बात है, फिर तो हरदम का आराम है। कुछ ही देर में उसे सूरज कुछ धीमा होते लगा। अभी तो दो भुजाएँ हैं, और थोड़ी-थोड़ी थकान भी आने लगी है। वह पश्चिम की तरफ मुड़ा। प्यास लगी थी, पर वह रुकता कैसे! एक बार अपने सपनों को ख्यालों में लाया और पूरी ताकत से दौड़ने लगा। आसमान का रंग बदला और उसने अन्तिम भुजा पकड़ी। दिल धौंकनी की तरह चल रहा था, पैर जवाब दे रहे थे पर बस अब थोड़ी ही तो बात बची थी!

उसने अपने आपको इकट्ठा किया और यह क्या सूर्य अपनी अन्तिम किरण समेटता कि वह पहुँच गया वापस। पहुँच क्या गया, बस गिर पड़ा।

मुखिया आश्चर्यचकित थे और आदिवासी खुशी से झूम रहे थे, इतनी बड़ी जमीन! आज तक शायद ही ऐसा कोई कर पाया हो।

काफी देर तक भी जब पाहोम नहीं उठा तो मुखिया उसके पास पहुँचे। कुछ गड़बड़ लगी, वे उसकी नब्ज टटोलने लगे। क्षमता से अधिक श्रम ने पाहोम की जान ले ली थी।

आदिवासियों ने वहीं उसकी लम्बाई का खड्डा खोदा और उसे दफना दिया। उस तीन हाथ जमीन को देखते हुए गहरी साँस के साथ मुखिया के मुँह से यही निकला, "शायद उसे इतनी ही जमीन की जरूरत थी!'

क्या यह दौड़ और इस तरह दौड़कर पहुँचना उन्नति है? मान भी लें कि पाहोम बच जाता, उसकी खेती सोना उगलने लगती तब भी क्या वह खुश होता, उसका आनन्द ले पाता? उसे तब भी कोई खुराफात सूझ ही जाती और वह उसमें लग जाता क्योंकि असन्तुष्टि की नींव पर उसकी जिन्दगी की इमारत खड़ी थी। सन्तुष्ट उसे होना ही नहीं था, इसलिए खुशियाँ उसके पास फटक ही नहीं सकती थीं, आनन्द उसका हो ही नहीं सकता था। वे मृग-मरीचिका की तरह हमेशा उसके आगे ही रहने वाली थीं, जिन तक पहुँच पाना असम्भव था।

और वह बढ़ई जो सन्तुष्टि को थामे था उसे खुद नहीं मालूम कब आनन्द उसकी स्थिति और खुश रहना उसका तरीका बन गई थी। इसके साथ हर उलटबाँसी की तरह बिन माँगे प्रसिद्धि और समृद्धि बढ़ने लगती थी, सो अलग।

तो उन्नति क्या है?

हर व्यक्ति की अपनी प्रकृति, अपना स्वभाव होता है और साथ ही इस जीवन में एक निश्चित भूमिका होती है। इस भूमिका के अपने कर्तव्य होते हैं। यह भूमिका उसे अपने जन्म के साथ मिलती है। हमारा जन्म स्थान, परिवार और चारों ओर के लोग और उनके सापेक्ष हम। यह भूमिका शायद हमने ही तय की होती है क्योंकि अन्ततः हम हर बार जिन्दगी को अलग-अलग रूपों में अनुभव करने ही तो आते हैं! अपनी इस कर्तव्य-भूमिका को अपने सहज स्वभाव के साथ निभाना ही व्यक्ति का धर्म है, जिसे गीता-उपनिषदों में 'स्वधर्म' कहा है। अपने धर्म को निभाना जितनी सहजता से व्यक्ति को आता चला जाए वही उसकी उन्नति है। यानी अपने स्वभाव के अनुसार जिन्दगी जीते हुए जितने प्रयासरहित होते हुए हम अपने कर्तव्यों को निभाने के लायक होते चले जाएँ वही सही मायनों में उन्नति है।

यहाँ इस प्रश्न का उठना लाजिमी है कि तब क्या कोई व्यक्ति अपनी भूमिका बदल ही नहीं सकता? साधारणतया तो नहीं, और अपनी मिली भूमिका से भागकर तो बिलकुल नहीं। लेकिन हाँ, कोई अपनी भूमिका के अनुभवों और उस पर चिन्तन से अपनी सजगता बढ़ाता चला जाए तो हो सकता है एक जगह आकर उसका स्वभाव ही बदल जाए। और जैसे ही उसका स्वभाव बदला नहीं कि उसकी भूमिका अपने आप बदल जाएगी। यदि हम चाहते हैं कि हम अपने जीवन में जो कर रहे हैं उससे अलग कुछ करें, हमारा जीवन सचमुच बदले तो यही एकमात्र रास्ता है।

प्रसंगवश यह इस बात का भी जवाब है कि व्यक्ति अपने जीवन में क्या करना चुने। चलन है यह कहना कि जिस काम से उसे प्यार हो वह करे। पूछने वाले को भी यह बात ठीक लगती है, क्योंकि यह उसकी इच्छाओं का, उसका सम्मान कर रही होती है। लेकिन कई बार व्यक्ति इससे अपने अहंकार को पुष्ट करने लगता है। यह कहकर कि यह मेरी जिन्दगी है, अपने कर्तव्यों की अनदेखी करने लगता है। पर यह तो ठीक नहीं!

लेकिन इसका मतलब यह भी नहीं कि वह अपनी नापसनदगी का काम करने लगे। उसे ऐसा काम ढूँढ़ना होगा या अपने काम को इस तरह करना होगा जिससे वह अपने कर्तव्यों को भी पूरा कर सके और जो उसके स्वभाव, उसकी प्रकृति से भी मेल खाता हो।

तो बात कर रहे थे हम उन्नति की, जिसे हम उन्नति समझ रहे थे, वह उन्नति थी ही नहीं और जो सही मायनों में उन्नति है वह सन्तुष्टि के बिना सम्भव ही नहीं; इसलिए सही होगा यह कहना, सन्तुष्ट हूँ कि और चाहिए!

पहला अधिकार

मेरा अपने प्रति यह अधिकार है कि मैं हार जाऊँ, थक जाऊँ, गिर भी पड़ूँ और भूलूँ-भटकूँ भी, क्योंकि यह सब मनुष्य के नाते मेरे लिए स्वाभाविक है, सम्भव है, पर मेरा यह कर्तव्य है कि मैं हारकर भागूँ नहीं, थककर बैठूँ नहीं, गिरकर गिरा ही न रहूँ और भूल-भटककर भरमता ही न फिरूँ; जल्द- से-जल्द अपनी राह पर आ जाऊँ, अपने काम में लग जाऊँ और एक नया आरम्भ करूँ, क्योंकि रुक जाना ही मेरी मृत्यु है और मरने से पहले मरना, न मेरा अधिकार है, न कर्तव्य।

—कन्हैयालाल मिश्र 'प्रभाकर'

एक आठवीं के बच्चे को आठवीं का पाठ्यक्रम नहीं आता तभी तो वह आठवीं नें है। वह बार-बार याद करेगा पर भूलेगा भी; कभी फॉर्मूला तो कभी वर्ष, कभी कवि का नाम तो कभी शहर का। हम कभी इससे यह तो नहीं समझते कि वह आठवीं कर ही नहीं सकता बल्कि उसे और अच्छे से, ज्यादा, और मन लगाकर अभ्यास करने की सलाह देते हैं। ऐसा तो तब होता जब उसे बात ही समझ में नहीं आ रही होती लेकिन बात तो उसकी समझ में आ रही है। अब तो जरूरत है तो बस 'प्रैक्टिस' की। अभ्यास का मतलब भी तो हम उसे यही समझाते हैं कि तब तक करना जब तक पाठ कण्ठस्थ न हो जाए और इसी के लिए उसे प्रेरित भी करते हैं।

पर यही बात जब हम पर होती है, जब एक-दो बार करने के बाद भी हम कोई गलती कर बैठते हैं या बार-बार कुछ चूक रहे होते हैं तो ये निष्कर्ष क्यों निकाल लेते हैं कि मुझसे नहीं हो सकता? क्यों उन अनुभवों से अपनी सीमाएँ बाँध लेते हैं कि ये-ये मुझसे हो सकता है और ये-ये नहीं? हम तब यह क्यूँ नहीं समझते कि पहली बार में ही वह अभ्यास

हमारे गले नहीं उतरता तो बात और थी! अब जरूरत है तो बस उसे अपने में ढाल लेने की।

इसी बात का जवाब दे रहे हैं प्रभाकर जी कि हारना, थकना, गिरना, भूलना, भटकना स्वाभाविक तो है ही, हमारा अधिकार भी है। पेंच यहीं है कि हम स्वाभाविक चाहे मानते हों, इसे अपना अधिकार नहीं समझते। चूँकि हम इन्हें अपना अधिकार नहीं समझते इसलिए ये हमें हर बार कमतरी का अहसास दिला जाते हैं और फिर एक दिन हम इनसे रजा कर जाते हैं। ये मान लेते हैं कि ये मुझसे नहीं होगा। और इस तरह हम अपने अभ्यासों को आधे-अधूरे में छोड़ रास्ते में ही रुकना स्वीकार कर लेते हैं।

क्यों कर लेते हैं हम ऐसा? सोच-विचारकर तो नहीं करते!

हम ऐसा ही उस समय अपने लिए ठीक समझते हैं, इसलिए।

पर क्यों? हम ही जब सलाह और प्रैक्टिस की दे रहे होते हैं तो बात अपने पर आते ही हमारी राय क्यों बदल जाती है?

शायद इसीलिए कि हमें सफलता की गारन्टी चाहिए होती है। जहाँ भी हमें जरा-सा भी लगता है कि मैं असफल हो सकता हूँ, हम उसे छोड़ देते हैं। अरे! कबूतर हैं, तो हम में उड़ना है। लेकिन क्षमा चाहते हुए, इसके लिए हम ही नहीं हमारी परवरिश भी उतनी ही जिम्मेदार होती है। जिस तरह हम नहीं चाहते, हमारे बच्चे कभी भी किसी भी बात में असफल हों, वैसे भी हमारे माता-पिता, हमारे शिक्षक और दूसरे बड़े भी नहीं चाहते थे कि हम भी कभी असफल हों। वे चाहते थे कि हमारे साथ बस ठीक-ठीक ही होता चला जाए, इसलिए जहाँ भी ऐसी कोई गुंजाइश पाते हमें रोक देते। धीरे-धीरे यह हमारी आदत और फिर हमारा स्वभाव बन गई। इसी के चलते आज हम अपने बच्चों के साथ भी कमोबेश यही करने में लगे हैं। पढ़ाई करने से हमें सफलता नजर आती है, इसलिए तब तक उन्हें प्रेरित करते हैं और उसके बाद उन्हें रोकने में सुरक्षा नजर आती है इसलिए उन्हें रोकने लगते हैं।

और यह न जाने कब से चला आ रहा है, शायद पीढ़ियों के पड़े संस्कार!

गिरना यानी आपने निश्चित ही ऐसा कुछ किया जिसमें सफलता की गारन्टी नहीं थी। यानी आपका आचरण बुद्धिमत्ता पूर्ण नहीं था, या फिर आप बुद्धिमान हैं ही नहीं। मैं ही ऐसा हूँ, थोड़ा कम होशियार, थोड़ा कम चतुर; आप सोचने लगते हैं। आप अपनी इस बात को सही भी पाते हैं, उन लोगों

को देखकर जो उस समय खड़े आप पर हँस रहे होते हैं। आपको लगता है, आप इन सबसे पिछड़ गए हैं तभी तो आप गिरे पड़े हैं और वे सब खड़े हैं। अब आप अपनी कमियाँ ढूँढ़ने लगते हैं।

एक-दो बार की बात तो ठीक है लेकिन उसके बाद भी भूलने-भटकने पर आप अपने में जब उन्हीं कमियों को पाते हैं तब आप अपनी आलोचना करने लगते हैं। धीरे-धीरे हर बात में अपनी खामियाँ ढूँढ़ने लगते हैं। और एक जगह आकर यह स्वीकार कर लेते हैं कि मैं हूँ ही कमतर।

आप रुक जाते हैं।

इस मनोवृत्ति से पार पाने के लिए जरूरी है हमारा यह समझना कि हारना मेरा अधिकार है और उठ खड़े होना मेरा कर्तव्य। हारना मुझे सिखाता हैं कि अगली बार मुझे क्या नहीं करना है। गिरना मुझे सिखाता है कि मुझे किन-किन बातों का ध्यान रखना है। भूलना-भटकना दिलासा दिलाता है कि मैं सही रास्ते पर तो हूँ ही, बहुत कुछ मुझे आ भी गया है, बस थोड़े और रियाज की जरूरत है।

रही बात उन हँसने वालों की जिन्हें हम अपने कमतर होने का प्रमाण समझ रहे थे तो शायद उस समय हम भूल गए थे कि कुछ देर पहले यह भी यूँ ही गिरे थे और बाकी के लोग उन पर हँस रहे थे। यह हमारी कमतरी नहीं, उनकी खीझ थी जो हँसकर अपना प्रतिकार ले रही थी।

हाँ, इस बात से हमारे सीखने-समझने को था, तो बस इतना-सा कि कहीं हम भी उस भीड़ में शामिल तो नहीं थे!

फर्ज कीजिए, हम सब ये समझ लें कि गिरना हमारा स्वाभाविक अधिकार है तो कोई किसी पर हँसेगा ही नहीं। लेकिन हँस तो सब रहे हैं! इसका मतलब यह समस्या आपकी और मेरी नहीं, हम सबकी है। और इलाज भी इसका साथ में ही है, हर बात में अपनी खामियाँ ढूँढ़ने से बचना। हर बार सीखना लेकिन अपने को कमतर महसूस करने के संक्रमण से अपने आपको बचाना।

और मुझे कभी कहीं किन्हीं सनदर्भों में ईसा मसीह के उद्धरण की व्याख्या याद हो आई,—"अपने पड़ोसी से भी उतना ही प्रेम करो जितना आप अपने से करते हो।" सबको लगता है कि यह कहकर ईसा मसीह हमें दूसरों से प्रेम करना सीखा रहे हैं लेकिन व्याख्या कह रही थी कि ईसा मसीह हमें अपने से प्रेम करना सीखा रहे हैं। वे बता रहे हैं कि स्वयं से प्रेम करना कितना जरूरी

है। आप अपने से प्रेम करते हैं तभी आप अपने पड़ोसी से प्रेम कर सकते हैं क्योंकि प्रेम होगा तभी तो आप प्रेम दे पाएँगे। जो रीता है, जिसे कोई अनुभव ही नहीं, वह किसी को उन भावनाओं की भेंट क्या देगा! आप अकेले में हर वक्त अपनी आलोचना में व्यस्त हैं तो किसी के साथ होते ही उसकी या तीसरे की आलोचना करके त्रस्त होंगे। यदि आप अपने से प्रेम करते हैं तो दुनिया आपकी है, दुनिया को आपकी जरूरत है।

प्रेम पर यदि पहला अधिकार मेरा है तो मेरे लिए आसान होगा अपने आप से यह कहना कि कोई बात नहीं। मैं फिर से खड़ा होऊँगा, अपनी राह पर लौट आऊँगा और जरूरत पड़ी तो मुझमें एक नया आरम्भ करने की शक्ति भी होगी। यहाँ आकर लग रहा था कि तब तो क्षमा भी प्रेम का ही रूप हुआ। और क्षमा ही क्यों, जीवन की हर सुन्दर बांत प्रेम ही तो है; प्रेम का प्रकट रूप।

लेकिन प्रेम को लेकर मेरा व्यवहार बिलकुल उन पाँच दोस्तों जैसा है जो काम की तलाश में गाँव से शहर को निकले थे और रास्ते में पड़ती नदी को पार कर अपनी गिनती कर रहे थे कि कहीं कोई दोस्त बह तो नहीं गया। पहले ने गिना तो चार ही हुए, वापस गिना तो भी चार ही थे। मन दुखी होने लगा उसका, शायद कोई बह ही गया है, पर कौन? दीख तो सब रहे थे!

दूसरे ने कहा, तू रुक, मैं गिनता हूँ।

लेकिन फिर वही बात।

ऐसे करके सबने गिना और समझ लिया कि कोई दोस्त तो बहा ही है। यह अलग बात है कि कौन! हो सकता है, इस सदमे की वजह से हमें नहीं सूझ रहा हो। और वे जोर-जोर से विलाप करने लगे।

इतने में एक भला आदमी सामने से आया। उन्हें यूँ देख पूछने लगा, 'भाई लोगों! क्या हुआ? आप सब क्यों रो रहे हो?'

उनमें से एक ने कहा, 'तुम्हें मालूम नहीं, हमारा एक दोस्त नदी में बह गया है। हम घर से पाँचों दोस्त साथ रवाना हुए थे। देखो, अब चार ही रह गए हैं।'

'पर, तुम तो पाँच ही हो!'

वे एकदम रुके, खड़े होते हुए बोले, 'कहाँ?' और साथ ही उनमें से एक गिनकर बताने लगा कि कैसे वे चार ही हैं।

अब हँसने ही बारी उस भले आदमी की थी।

'अरे भाई! तुम अपने को तो गिन ही नहीं रहे।'

हम भी अपने को नहीं गिनते जब बात प्रेम की हो। दूसरों की जो बातें हमारे लिए सहज, स्वाभाविक हैं वे हमारे लिए अपनी आलोचना और निन्दा का कारण। जितनी आसानी से हम दूसरों से कह पाते हैं 'कोई बात नहीं', क्या उतनी ही आसानी से वैसी ही बातों पर हम अपने आप से कभी कह पाते हैं? जो हम हमारे अपनों के लिए करने को हमेशा तैयार हैं, क्या वही हम अपने लिए कर पाते हैं?

ऐसा नहीं कि हम औरों के लिए न करें लेकिन ऐसा कि हम अपने लिए भी करें।

यही होगा एक बार फिर अपने से प्रेम करना सीखना और तभी सम्भव होगा हमारे लिए अपने हारने, थकने, गिरने और भूलने-भटकने को अपना अधिकार समझ पाना।

यानी अपने को दोष देने की प्रवृत्ति से मुक्त रहना और हर हाल में अपना साथ निभाना ही बढ़ते जाने का मूलमन्त्र है। अरे! यही तो कह रहे हैं श्री कृष्ण, गीता के छठे अध्याय के पाँचवें श्लोक में, "आप ही अपने को उठा, अपने को दोष मत दे। तू ही तेरा मित्र है और तू ही तेरा शत्रु।"

अब बाकी क्या बचा था!

भरोसे के साथ मन कह रहा था, 'क्या हुआ जो तुझसे गलतियाँ हुईं, होंगी और बार-बार होंगी, पर याद रख क्षमा पर, प्रेम पर पहला अधिकार तेरा अपना है।'

आनन्द

सारे रास्ते एक से हैं : वे कहीं नहीं जाते। मैं कह सकता हूँ कि मैंने मेरी अपनी जिन्दगी में लम्बे-लम्बे रास्ते पार किए लेकिन मैं कहीं नहीं पहुँचा। अब अर्थ है मेरे गुरु के प्रश्न का! क्या इस रास्ते पर तुम्हारा दिल लगता है? यदि लगता है तो रास्ता सही है, यदि नहीं लगता तो ये किसी काम का नहीं। दोनों रास्ते कहीं नहीं जाते; लेकिन एक पर दिल है, दूसरे पर नहीं। एक यात्रा को आनन्दमय बनाता है; जब तक आप उस पर चलें, उसके साथ एक हो जाएँ। दूसरे पर आप अपनी जिन्दगी को कोसते हैं। एक आपको शक्तिशाली बनाता है; दूसरा आपको कमजोर।

—डॉन जुआन

कार्लोस कैस्टनेडा, *द टीचिंग्स ऑफ डॉन जुआन*

मुझे जिन्दगी की तुलना पिकनिक से करना सबसे माफिक लगता है। क्या करते हैं हम पिकनिक पर निकलने से पहले? सबसे पहले उपलब्ध और सम्भव कई सारे रमणीक स्थानों में से किसी एक को चुनते हैं। उपलब्ध ऐसे कि हम जहाँ रहते हैं वहाँ से कहाँ-कहाँ जाया जा सकता है और सम्भव ऐसे कि उस मौसम में कहाँ-कहाँ जाना ठीक होगा। जगह पसनद करने के बाद वहाँ के हिसाब से तैयारी शुरू करते हैं। हमारे कपड़े कैसे होंगे, कौन से जूते ठीक रहेंगे, और किन-किन चीजों की जरूरत होगी! खाने-पीने का सामान साथ लेकर चलेंगे या वहाँ जाकर कुछ बनाएँगे? सब साथ बैठ कुछ खेलेंगे या भाग-दौड़ वाला कोई खेल होगा?

और इन सब बातों को तय करने में जो बात हर पल ध्यान रहती है वह यह कि मुझे आनन्द किसमें आएगा!

जिन्दगी भी कुछ यूँ ही नहीं है! हम, जो ऊर्जा हैं अपने जन्म से पहले सुषुप्त अवस्था में होते हैं, अपने घर पर बैठे हुए। घर, इसे आप किसी भारी-भरकम शब्द से मत जोड़ लेना, बस कुछ नहीं से कुछ हो जाने वाला वह बिन्दु, इतना ही। फिर जैसे यहाँ पिकनिक पर निकलने से पहले हम बोरियत महसूस कर रहे होते हैं, वैसे ही धीरे-धीरे सुषुप्त ऊर्जा अवस्था में ऊर्जा अपने पर एक रचनात्मक दबाव महसूस करने लगती है। रचनात्मक दबाव, अपने तरीके से इस सृष्टि से व्यवहार करने का और अपने ही तरीके से इस सृष्टि को महसूस करने का। ऐसा इसलिए होता है क्योंकि जैसे मनुष्य का मूल स्वभाव है आनन्द, वह हर स्थिति से आनन्द में लौट आने को प्रयासरत रहता है, वैसे ही ऊर्जा का मूल स्वभाव है चलायमान होना। सुषुप्त होते ही उस पर स्वत: इस दबाव का निर्माण होने लगता है। आप जानते हैं कि अन्तत: स्वभाव ही स्वभाव को बरतता है। स्वभाव ही है जो किसी का भी आचरण तय करता है। यह दबाव एक बिन्दु पर आकर ऊर्जा की अवस्था को बदल देता है। हम यानी ऊर्जा, आवृत्ति रूप से इस दबाव के कारण घनीभूत हो अलग-अलग रूप और आकार ले लेती है। ऊर्जा का यह प्रकट रूप ही प्रकृति है।

और एक दिन अपनी पिकनिक खत्म कर हम लौट जाते हैं, कुछ-से-कुछ नहीं हो जाते हैं। फिर ऊर्जा चलायमान से सुषुप्त हो जाती है। भौतिक आकार आवृत्तियों में रूपान्तरित हो जाता है एक बार फिर अलग-अलग रूप और आकार ले लेने के लिए।

आवृत्तियों का घनीभूत होना कोरी अवधारणा नहीं क्वाण्टम-फिजिक्स का सिद्ध तथ्य है। वैज्ञानिकों ने अलग-अलग पदार्थों के कण लिए और उसे तोड़ते चले गए। जैसे एक के दो किए फिर उसमें से एक लिया फिर उसके दो किए, फिर उसमें से एक लिया और ऐसे करते चले गए। अन्त में जो बचा वह बस एक आवृत्ति, फ्रीक्वेंसी थी।

इस सारी बात को पियर तेहार्द दे चारदान ने कितने सुन्दर शब्दों में कहा है, "तुम आध्यात्मिक अनुभवों के लिए निकले मनुष्य नहीं हो। तुम मानवीय अनुभवों में खोया आत्मिक अस्तित्व हो।"

जन्म के साथ ही हमारे साथ एक समूह होता है; परिवार का, समाज का, भौगोलिक भू-भाग का, जैसे पिकनिक पर जाते समय हम चुनते हैं कि इस बार हम किन-किन और कितने दोस्तों या परिजनों के साथ मनाएँगे।

फिर जीवन में एक के बाद एक कुछ होता है, मौके बनते हैं; लगता है जैसे ये वे बातें हैं जो हम इस बार करने आए हैं, जैसे पिकनिक पर निकलने से पहले हम करीब-करीब तय करके चलते हैं कि हम वहाँ जाकर क्या-क्या करने वाले हैं।

और ऐसा इसलिए लगता है क्योंकि उन मौकों का लाभ उठाने की काबिलियत हम सब में होती है, जन्मजात।

संघर्ष तो तब पैदा होता है, जब उन मौकों से दीगर हम कुछ चाहने लगते हैं। फुटबॉल लेकर निकले और वहाँ जाकर मन हो गया कि क्रिकेट खेलेंगे। अब उसका न तो सामान साथ, न खेलना आता। फिर कहते हैं कि जीवन संघर्ष है। जीवन तो आनन्द है यदि तय मुताबिक हम फुटबॉल खेलने लगें। श्रम हमारा हो उसे अधिक-से-अधिक बेहतरीन खेलने का, उसे अपना सब कुछ देने का।

यदि ऐसा किया तो हो सकता है पास के ग्राउण्ड में चल रहे क्रिकेट के खिलाड़ी हमें अपने साथ खेलने को बुला भी लें और फिर हमारी निष्ठा की वजह से क्रिकेट हमें अपना भी ले लेकिन हमें अपनी शुरुआत तो फुटबॉल से ही करनी होगी।

यानी जिन्दगी वह रमणीक स्थान है जहाँ आत्मिक अस्तित्व आध्यात्मिक अनुभवों का आनन्द लेने आता है, इसलिए हम क्या करते हैं, क्या नहीं उसके मायने होते हुए भी अन्ततः कोई मायने नहीं, सिवाय आनन्द के। यही सीखा रहे हैं डॉन जुआन कार्लोस कैस्टनेडा को। जीवन में कुछ भी चुनने का आधार बस आनन्द हो। हम वह रास्ता पकड़ें जिस पर चलना सोचकर ही आनन्द की अनुभूति होती हो।

तो, आप कहेंगे वे सारी बातें जो पहले हमने कीं, वे किसलिए? जब आनन्द ही एकमात्र पैमाना है तो इतना प्रपंच क्यूँ? मैं बस यह ध्यान रख लूँ कि मुझे आनन्द किसमें आएगा, और बात खत्म!

आप सही कहते हैं, ध्यान तो हम सब को यही रखना है लेकिन जो कुछ हम करने आए हैं, उसे अच्छे से अच्छा कैसे कर पाएँ, उसके लिए वे जरूरी हिदायतें हैं बस। वैसे ही जैसे आप बिना कोच के कुछ सीखें या जरूरी ट्रेनिंग लेकर। खेल अन्ततोगत्वा दोनों ही तरीकों से आ जाएगा लेकिन एक में ठोकरें अधिक लगेंगी, गलतियाँ ज्यादा होगीं, इसलिए उनका दुख भी ज्यादा और

समय भी ज्यादा लगेगा। वहीं खेल की खास-खास बातें पहले से मालूम होंगी तो अच्छा खेल पाने में मुश्किलें कम आएँगी और आनन्द ज्यादा।

इसके बावजूद हर खिलाड़ी की तरह आपका अपना अन्दाज होगा, और वह आपका ही होगा। सारी बातें हमारे सापेक्ष होती हैं। हम सब उन सारी बातों को अपने-अपने तरीके से बरतेंगे और यही बात हम सबकी जिन्दगियों को विशिष्ट बनाती है। इसीलिए कोई जिन्दगी दूसरी-सी नहीं होती।

आप जैसा कोई नहीं होता।

दूसरी अहम बात जो डॉन जुआन याद दिला रहे हैं, वह यह कि आनन्द कुछ करने में है, बैठे रहने में नहीं। बैठे ही रहना होता तो ऊर्जा सुषुप्त से चलायमान होती ही क्यूँ? सम्पूर्ण सृष्टि कर्मरत है, यही आनन्द का मार्ग है इसलिए कर्मनिष्ठ होने के सिवाय मनुष्य के पास में कोई विकल्प है ही नहीं।

'तू कुछ कर, अपने स्वभाव को बरत क्योंकि यही तुझे आनन्द देगा जिसके लिए तू आया है।'

कई बार आप भी ऐसे तर्कों में पड़े होंगे जब कोई कहने लगता है कि फिर उससे क्या होगा, फिर उससे क्या होगा? जैसे दूब पर लेटा वह व्यक्ति अपने उस जगाने वाले से कह रहा था, और अन्त में कहता है आराम तो मैं अब भी कर रहा हूँ फिर इतना सब कुछ क्यूँ करूँ? उसे जगाने वाला व्यक्ति कहानी में बिना कुछ कहे बढ़ जाता है। वास्तव में वह निरुत्तर नहीं होता बल्कि समझ जाता है कि इस मूढ़ से दिमाग लगाना फिजूल है। इसे जाना ही नहीं तो पता बताने से क्या फायदा! इसके मन में आनन्द की लालसा ही नहीं तो यह कैसे समझेगा कि कुछ करने का हासिल सिर्फ आनन्द है क्योंकि वही स्थायी है। यश, समृद्धि और कीर्ति आनन्द के स्वाभाविक सह-उत्पाद हो सकते हैं, और होते हैं लेकिन अगर इन्हें ही ध्येय बना लिया तो विपरीत स्थितियों के लिए भी तैयार रहना पड़ेगा। जबकि आनन्द को ध्येय बनाया तो ये मिलेंगे तो सही ही, वह भी इनके उलट हो जाने की बिना जोखिम के; अपयश, अपकीर्ति और दरिद्र हो जाने के बिना गुंजाइश के।

क्योंकि आनन्द ही है जिसका विलोम नहीं होता।

तो, मुश्किल क्या है?

मुश्किल है कि हम भूल जाते हैं। भूल जाते हैं कि हम बस थोड़ी देर के लिए पिकनिक मनाने आए हैं।

और वहीं से सारी आपाधापी शुरू हो जाती है।

एक बार एक व्यक्ति ने एकनाथ महाराज से पूछा, "आप हमेशा ही इतने शान्त-सौम्य कैसे रह पाते हैं? कोई विरोधाभास नहीं, मुक्त! और हम सब के मन में तो न जाने क्या-क्या चल रहा होता है!"

"ये इतनी बेचैनी, इतनी छटपटाहट क्यों है, प्रभु!"

महाराज ने उसकी तरफ देखा, और तुरन्त ही अपनी नजरें उसके ललाट पर जमा दीं। यह देख भक्त भी सतर्क हो गया। 'आज तो निश्चित ही महाराज कुछ भविष्यवाणी करने वाले हैं' और वह सही था। दो ही मिनट बाद वे बोले, 'ये सब तो छोड़, जो मैं पढ़ रहा हूँ, वो सुन। आज से ठीक सात दिन बाद तो तेरी मृत्यु होने वाली है। तू यहाँ क्या बैठा है, अपने घर जा और जरूरी-जरूरी काम निपटा ले।'

भविष्यवाणी और वह भी एकनाथ महाराज की! गलत हो ही नहीं सकती।

एक ही मिनट में उसकी तो दुनिया जैसे उलट-पलट हो गई। कलेजा मुँह में आ गया था। भागा, घर को। पहले देखा सब ठीक तो है। फिर सबसे बहुत तसल्ली से बात की, सबकी खूब सुनी।

दूसरे दिन से तो जैसे जिन्दगी की नई शुरुआत कर रहा था। जिनसे वर्षों से मन-मुटाव था, बोलचाल बन्द थी उन सबसे आगे होकर सुलह-सफाई में लगा था। जहाँ गलती उसकी नहीं थी वहाँ भी वह माफी माँगने के लिए तैयार था। वह तो बस अब सबसे अच्छे सम्बन्ध चाहता था क्योंकि अब दिन ही कितने बचे थे।

अहंकार तो धुल चुके गन्दे दाग की तरह जैसे कभी था ही नहीं।

सब हैरत में थे उसके इस व्यवहार से। आखिर जब दो ही दिन बचे थे तब उसने घरवालों को अपने पास बिठाकर सारी बात बताई। पूरे घर पर जैसे वज्रपात था। अब तो बस कोई उनसे दूर हटना ही नहीं चाहता था। पर, जो कर लो वक्त को गुजरने से कोई रोक सकता है भला!

आज उसका आखिरी दिन था। दालान में एक दरी लगाकर लेट गया, चारों ओर परिवार वाले और बन्धु-बांधव। बस, किसी समय यमराज आते होंगे।

पर, थोड़ी ही देर में क्या देखता है! यह तो स्वयं एकनाथ महाराज चले आ रहे हैं।

'मेरे यहाँ महाराज! इससे शुभ क्या होगा कि मेरे अन्त समय में महाराज उपस्थित होंगे।'

वह उठा, प्रणाम किया, उन्हें तख्त पर बिठा खुद चरणों में बैठ गया। महाराज बोले, 'तू कुछ पूछ रहा था न उस दिन। पूछ, कोई प्रश्न मन में रखकर मत जा।' वह सजल आँखों से बोला, 'नहीं महाराज, कुछ नहीं पूछना। अब कोई प्रश्न नहीं।'

महाराज मुस्कराए, 'बस यही जवाब है तेरे उस दिन के प्रश्न का। मैंने वो भविष्यवाणी तुझे यही समझाने के लिए की थी। तुम भूल जाते हो कि एक दिन हमें जाना है और वो दिन कोई भी हो सकता है, आज का भी और हम लोगों को ये बात हर क्षण याद रहती है। फिर कोई विरोधाभास नहीं रहता, साथ रहती है बस सहजता।'

तो, जीने का तरीका वही है जैसे पणिहारी घड़ा भरकर अपने घर को लौटती है। हँसती-गाती, ठिठोली करती, अपनी सखियों से चुहल करती लेकिन ये सब करते हुए भी उसका घड़ा जरा भी नहीं छलकता। उसे कुछ भी करते हुए हमेशा अपने सिर पर रखे घड़े का ध्यान बना रहता है।

हम कुछ भी करें, खूब करें, हर खेल को जीतने की जी-तोड़ कोशिश करें, हमारे पास खेलने के अच्छे-से-अच्छे खिलौने हों लेकिन इसके साथ बस याद रहे कि हम सब पिकनिक पर हैं, आनन्द के लिए!

इतवार के उस दिन से आज तक ये कुछ बातें मुझे मिलीं जो हमारे जीवन को सब कुछ के बीच में शान्त बना सकती है। इन सब में सबसे सुन्दर था मेरा अपने आपको जानना कि 'हम सब ईश्वर की स्वतंत्र भौतिक अभिव्यक्ति हैं' जिसने मुझे इस एहसास से भर दिया कि हमारा हो पाना हमारे हाथ में है, बस जरूरी है तो उसके लिए उठ खड़े होना।

मैंने इन सारी बातों के बीच एक जुड़ाव देखा और उसे ही अपने कहने का क्रम बनाया।

ऐसा नहीं कि मैं इन सारी बातों को अपने जीवन में उतार पाया हूँ लेकिन इन पर चलने की कोशिश में जरूर लगा हूँ और ये मैं अपने अनुभव से कह सकता हूँ कि इन पर चलने का प्रयास ही भरपूर आनन्द देने वाला है। आनन्द के इस अतिरेक ने ही मुझे बेबस किया इसे आपके साथ साझा करने के लिए।

कामना करता हूँ कि जीवन में कुछ भी करते हुए हमारा साथ आनन्द से कभी न छूटे।

नमस्कार!

मार्गदर्शक पुस्तकें

1. भगवद्गीता—डॉ. सर्वेपल्लि राधाकृष्णन
2. ईशावास्यवृत्ति—विनोबा भावे
3. चाणक्य—डॉ. चंद्रप्रकाश द्विवेदी (धारावाहिक)
4. हृदय रोग से मुक्ति —डॉ. अभय बंग
5. जिन्दगी मुसकरायी—कन्हैयालाल मिश्र 'प्रभाकर'
6. कारवाँ आगे बढ़े—कन्हैयालाल मिश्र 'प्रभाकर'
7. कठोपनिषद—आचार्य रजनीश
8. श्री सैन्नी अशेष का आलेख
9. Wisdom of the Ages —Dr. Wayne W. Dyer
10. The Dragon Doesn't Live Here Anymore —Alan Cohen
11. Jonathan Livingston Seagull —Richard Bach

✪✪✪